大学生成长导航

主　编　尹文秋
副主编　杨大平

北京理工大学出版社
BEIJING INSTITUTE OF TECHNOLOGY PRESS

版权专有　侵权必究

图书在版编目（CIP）数据

大学生成长导航 / 尹文秋主编 . —北京：北京理工大学出版社，2017.8
（2022.8 重印）

ISBN 978 – 7 – 5682 – 4757 – 3

Ⅰ. ①大… Ⅱ. ①尹… Ⅲ. ①大学生 – 学生生活 – 手册 Ⅳ. ①G645.5 – 62

中国版本图书馆 CIP 数据核字（2017）第 209447 号

出版发行 / 北京理工大学出版社有限责任公司
社　　址 / 北京市海淀区中关村南大街5号
邮　　编 / 100081
电　　话 / （010）68914775（总编室）
　　　　　（010）82562903（教材售后服务热线）
　　　　　（010）68948351（其他图书服务热线）
网　　址 / http：//www.bitpress.com.cn
经　　销 / 全国各地新华书店
印　　刷 / 三河市华骏印务包装有限公司
开　　本 / 710 毫米 × 1000 毫米　1/16
印　　张 / 14.25　　　　　　　　　　　　　　　　责任编辑 / 江　立
字　　数 / 256 千字　　　　　　　　　　　　　　　文案编辑 / 江　立
版　　次 / 2017 年 8 月第 1 版　2022 年 8 月第 6 次印刷　责任校对 / 周瑞红
定　　价 / 46.00 元　　　　　　　　　　　　　　　　责任印制 / 施胜娟

图书出现印装质量问题，请拨打售后服务热线，本社负责调换

目 录

第一章 校园认知 ·· 1
第一节 学院简介 ··· 1
第二节 学院办学理念 ·· 2
第三节 团学组织 ··· 3
一、团委会 ·· 3
二、学生会 ·· 4
三、社团联合会 ·· 6
四、青年志愿者联合会 ·· 10

第二章 规章制度 ·· 11
第一节 国家法规文献 ·· 11
一、普通高等学校学生管理规定 ···································· 11
二、高等学校学生行为准则 ·· 22
三、学生伤害事故处理办法 ·· 23
第二节 学院管理制度 ·· 29
一、常德职业技术学院章程 ·· 29
二、常德职业技术学院学生管理规定 ································ 47
三、常德职业技术学院学籍管理实施细则 ···························· 58
四、常德职业技术学院学生思想品德考核办法 ························ 70
五、常德职业技术学院学生团体管理办法 ···························· 72
六、常德职业技术学院校园文明公约 ································ 79
七、常德职业技术学院学生日常管理纪律 ···························· 79
八、常德职业技术学院学生违纪处分办法 ···························· 84
九、常德职业技术学院学生公寓管理暂行规定 ························ 91
十、常德职业技术学院学生走读管理办法 ···························· 95
十一、常德职业技术学院校园安全管理规定 ·························· 98

十二、常德职业技术学院考试工作办法 …………………… 104
十三、常德职业技术学院国家职业技能鉴定工作管理暂行办法 ……… 108
十四、常德职业技术学院实习工作条例（试行） …………………… 110
十五、常德职业技术学院学生毕业设计管理办法 …………………… 118
十六、常德职业技术学院年度先进班集体、
　　　优秀团支部评选评比办法 …………………………………… 122
十七、常德职业技术学院三好学生、优秀学生干部、优秀团员、
　　　优秀团员干部评比办法 ……………………………………… 123
十八、常德职业技术学院优秀毕业生评选办法 ……………………… 124

第三章　资助政策 125

一、高等学校学生资助政策简介 ……………………………………… 125
二、普通本科高校、高等职业学校国家奖学金管理暂行办法 ……… 135
三、普通本科高校、高等职业学校国家励志奖学金管理暂行办法 … 137
四、普通本科高校、高等职业学校国家助学金管理暂行办法 ……… 140
五、高等学校毕业生学费和国家助学贷款代偿暂行办法 …………… 143
六、高等学校学生应征入伍服义务兵役国家资助办法 ……………… 146
七、关于对直接招收为士官的高等学校学生施行国家资助的通知 … 151
八、国家开发银行生源地助学贷款违约责任告知书 ………………… 152
九、高等学校学生勤工助学管理办法 ………………………………… 154
十、常德职业技术学院国家奖学金管理办法 ………………………… 157
十一、常德职业技术学院国家励志奖学金管理办法 ………………… 161
十二、常德职业技术学院国家助学金管理办法 ……………………… 163
十三、常德市中等职业学校国家助学金申请指南 …………………… 164
十四、常德市中等职业学校免学费申请指南 ………………………… 165
十五、常德职业技术学院学生奖学金管理办法 ……………………… 165
十六、常德职业技术学院教育基金会助学金评选管理暂行办法 …… 171
十七、常德职业技术学院学生勤工助学管理办法 …………………… 172

第四章　职业规划 178

第一节　职业生涯规划与设计 ………………………………………… 178
　一、职业生涯规划的意义 …………………………………………… 178

二、职业生涯规划的含义与特征 …………………………………………… 178
　　三、职业生涯规划的步骤 …………………………………………………… 179
　　四、职业生涯目标规划举例 ………………………………………………… 180
　第二节　大学生创新创业指导 …………………………………………………… 181
　　一、创业准备 ………………………………………………………………… 181
　　二、创业的一般过程 ………………………………………………………… 181
　　三、申请证照的步骤 ………………………………………………………… 181
　第三节　学生职业道德规范 ……………………………………………………… 182
　　一、职业道德 ………………………………………………………………… 182
　　二、职业道德基本规范 ……………………………………………………… 183
　　三、职业道德行为养成 ……………………………………………………… 183

第五章　心灵呵护 ……………………………………………………………………… 184
　第一节　心灵小故事 ……………………………………………………………… 184
　　一、快乐从心开始 …………………………………………………………… 184
　　二、明天还有希望 …………………………………………………………… 185
　第二节　心理素质测评 …………………………………………………………… 186
　第三节　情绪调控方法 …………………………………………………………… 186
　第四节　服务项目 ………………………………………………………………… 188
　　一、心理健康教育 …………………………………………………………… 188
　　二、心理咨询 ………………………………………………………………… 188
　　三、心理危机干预 …………………………………………………………… 189

第六章　医保政策 ……………………………………………………………………… 191
　一、国务院关于整合城乡居民基本医疗保险制度的意见 …………………… 191
　二、人力资源社会保障部关于积极推动医疗、医保、
　　　医药联动改革的指导意见 ………………………………………………… 195
　三、常德市城乡居民基本医疗保险实施办法 ………………………………… 199
　四、湖南省医疗保障局 湖南省财政厅 国家税务总局湖南省税务局关于转发
　　　《国家医保局财政部 国家税务总局关于做好2020年城乡居民基本医疗
　　　保障工作的通知》的通知 ………………………………………………… 206

第七章　安全服务 ……………………………………………… 217
一、防盗 ……………………………………………………… 217
二、防骗 ……………………………………………………… 217
三、防贷 ……………………………………………………… 217
四、防抢劫 …………………………………………………… 218
五、防意外事故 ……………………………………………… 218
六、防火 ……………………………………………………… 218
七、防艾 ……………………………………………………… 219
八、防毒 ……………………………………………………… 219

第一章

校园认知

第一节 学院简介

常德职业技术学院（院校代码13039）坐落于享有"桃花源里的城市"美誉的湖南省常德市，是一所以医药卫生和工科专业为主，农林、经管等专业共同发展的全日制国有公办普通高等院校，主要为医药卫生、装备制造、建筑、农林、IT、商贸、经济管理等行业培养高素质技术技能型专门人才。学院创办于1905年（清光绪三十一年），具有百年办学历史，2003年4月，原常德农业学校、常德卫生学校、常德机电工程学校三所国有公办普通中专学校合并升格为高等职业院校，是教育部人才培养工作水平评估"优秀"学校、湖南省示范性高等职业院校。

学院占地1 086亩，建筑面积35.89万平方米，教学仪器设备总值1.08亿元，馆藏纸质图书42万册，电子图书容量达20 TB。全日制专科在校生13 000余人，在校留学生27人，在岗教职工612人。

学院设有医学系、护理系、药学系、农经系、机电系、土建系、思想政治理论课教学部、公共课部、国际教育部、培训部、继续教育学院等6系4部1院，有1家司法鉴定中心、2所附属医院，开设专业23个。国家护理专业技能型紧缺人才培养基地、农业农村部现代农业技术培训基地、湖南省"雨露计划"职业学历教育培训基地、常德市高技能人才培养基地等20个国家、省、市基地落户我院。学院拥有2个中央财政支持的重点建设专业，药品技术专业群入围湖南省高职示范性特色专业群项目，药学专业为湖南省示范性特色专业、护理专业为湖南省特色专业；拥有1个湖南省精品专业、4个湖南省教改试点专业；

1门国家级精品课程、2门省级精品课程；1个中高职衔接省级重点建设项目；1个中央财政支持的重点实训基地；1个省级生产性实习实训（教师认证培训）基地；牵头开发湖南省高职院校学生专业技能抽查标准1个。

学院拥有一支专兼结合、素质优良的师资队伍，在400余名专任教师中，有正高职称教师30人，副高职称教师177人，具有博士、硕士研究生学位的教师226人，"双师型"教师149名。有湖南省高校教学名师2名，湖南省"黄炎培杰出教师"2名，省级教学团队3个，省级专业带头人3名，省级中青年骨干教师13名，常德市"十百千"人才20人。学院桃花研究为常德市重大科研支撑项目，桃花品种资源拥有量居全国科研院所第二位，桃花景观成为校园文化的一大特色。近年来，学院教师主编、参编公开出版教材近百部，完成省部级、市级课题立项70余项，在SCI、EI、CI和行业内有影响的期刊上公开发表学术论文1 300余篇，获得省、市科技进步奖22项，国家发明专利37项。

学院积极探索现代职业教育发展规律，坚持以立德树人为根本，以服务发展为宗旨，以促进就业为导向，对接产业、产教融合、校企合作、协同创新，走特色发展之路，全面深化教育教学改革，不断加强专业建设、课程建设、师资队伍建设、实训条件建设，赢得了良好的社会声誉。学院与300多家大中型企业及医院建立了稳定的实习与就业合作关系，每年邀请几百家用人单位在校内举行大规模的毕业生供需见面会，部分专业实行订单式培养，为毕业生开辟了广阔的就业渠道，近几年毕业生就业率稳定在95%以上。学院先后获得"湖南省示范性高等职业院校""湖南省文明高校""湖南省普通高校毕业生就业工作先进单位""全国三八红旗集体""全国司法鉴定先进集体"等多项荣誉。

学院将秉承"励志、笃学、厚德、创新"的校训，弘扬百年办学优良传统，践行"育人为本，崇实重用"的办学理念，努力建设成为"特色鲜明、省内一流、国内知名"的高等职业院校！

第二节　学院办学理念

办学理念：

育人为本，崇实重用。

校训：

励志、笃学、厚德、创新

励志：指奋志，即振作精神，追求远大理想。

笃学：是专心好学。知识是一切美德之母，只有知识的江河才能载起事业和理想之舟。

厚德：指品德高尚。心胸宽广不以个人得失为主，重公轻私，谓之厚德。

创新：是对旧事物、观念及思维的一种扬弃，是对未知的大胆探索和富有创意的创新。

校徽：

1. 校徽"CZ"为常德职业技术学院的简称"常职"二字首字母拼音；

2. "C"代指了崇实的崇，"Z"代指了重用的重，表达了学院重视"崇实重用"的办学理念；

3. 图案似02，意为学院是2002年合并组建而成的；

4. 三个"Z"意指学院职教的三大主体"工、农、医"。

第三节　团学组织

一、团委会

常德职业技术学院团委是中国共产党领导的先进青年的群众组织，是常职青年在实践中学习中国特色社会主义和共产主义的学校，是学院党的助手和后备军。在学院党委和上级团组织的正确领导下，以青年团员工作为中心，积极开展大学生思想政治教育、校园文化建设、大学生社会实践、创新创业活动等工作，努力提高大学生的思想政治素质、科技创新意识和实践能力。院团委下设四个部门：

（一）办公室

院团委信息中枢，是团委内部管理、沟通上下、联系内外的桥梁和纽带；并负责国旗班的管理与训练以及大型活动的组织安排。

（二）组织部

全院共青团员思想教育、组织建设、干部培养与考核、团员信息档案注册与管理的职能部门。

（三）宣传部

宣传部是宣传党团各项教育方针政策、社会发展动态、学院和系部各项活动的重要窗口；并负责校园活动新闻稿件的撰写与审核工作。

（四）新媒体中心

新媒体中心是院团委掌握校园网络舆情、把握团员青年思想动态、宣传党团精神的重要职能部门。主要负责学院团委官网、微博、微信公众平台的管理与建设。

二、学生会

学生会是在学生处指导下的代表全院学生利益的学生管理自治组织，是学校联系学生的桥梁和纽带，是营造与繁荣校园文化的舞台和基地，也是提高学生综合素质的平台和营地。学生会倡导和组织自我服务、自我管理、自我教育，开展健康有益、丰富多彩的课外活动和社会服务，努力为同学服务。学生会设秘书部、纪检部、学风建设部、体育部、保卫部、劳卫部、勤工助学与权益维护部、创新创业部以及宿管委员会。

（一）院秘书部工作职责

1. 每周整理并汇总院学生会各部门周考核；
2. 负责学生会各项上传下达及会议记录工作；
3. 负责学生会各类文件资料的处理、存档及整理，整理各系部和各部门月计划、期计划等；
4. 收集、整理学生会开展活动的各种资料，并进行宣传报道。

（二）院纪检部工作职责

1. 每月例行对院干进行考核，不定时抽查院干部的学习、工作等情况；
2. 对院干部进行考勤登记；
3. 维持各种会议及活动现场纪律。

（三）院学风建设部工作职责

1. 检查督促各系学生的晚自习情况，并纳入学生会考核；
2. 定期召开各系部学风建设部门例会，反馈各系学风状况；
3. 积极开展学风建设相关活动，营造学习氛围，促进同学们的学习积极性。

（四）院体育部工作职责

1. 负责学生日常体育活动的协调、督导、检查工作，并纳入学生会考核；
2. 积极组织开展各类体育活动及体育竞技比赛。

（五）院保卫部工作职责

1. 协助学院相关部门做好安全稳定工作，保障同学人身安全和财产安全；

2. 及时调查、了解学生思想动态，积极配合相关部门化解同学之间的矛盾纠纷；

3. 负责各种学生活动的安全保卫工作。

（六）院劳卫部工作职责

1. 引导和教育同学们遵守学校规章制度，促进同学们养成良好的生活、卫生习惯；

2. 负责检查各系的卫生情况，检查各系教室内外及卫生责任区的卫生，并纳入学生会考核；

3. 组织开展各种活动，积极创建文明校园氛围。

（七）院勤工助学与权益维护部工作职责

1. 协助学院有关部门建立贫困生档案，收集考查我院贫困生信息，整理贫困生信息库，并对库内信息不断更新；

2. 协助学院相关部门联系和介绍院内外勤工助学岗位，为贫困生提供兼职机会；

3. 负责组织和开展有益于贫困生成长的活动；

4. 积极收集同学们的权益问题与建议，并且将信息进行反馈；

5. 积极宣传权益维护知识，开展权益维护相关活动。

（八）院创新创业部工作职责

1. 宣传、贯彻国家和省有关大学生创业的方针、政策和法令；

2. 协助完善大学生创新创业工作的各类规章制度及实施细则；

3. 负责大学生创新创业部的各项日常管理工作，为大学生创业做好各种服务；

4. 协助相关部门组织开展各项大学生创新创业的培训、活动、比赛等。

（九）院宿管委员会工作职责

1. 每周对学生公寓的内务、卫生、晚就寝、大功率电器的使用等情况进行检查，并纳入学生会考核；

2. 积极收集、整理同学反映的情况，并将信息反馈给相关部门；

3. 负责宿舍文化建设工作，开展各种有利于学生身心健康的文体活动，为学生创造一个积极健康文明向上的寝室文化氛围；

4. 协助学生公寓管理中心进行日常管理。

三、社团联合会

学生社团联合会是指在院团委的直接指导下，管理社团工作、服务社团发展的学生组织，负责服务与管理涵盖文学学术、实践服务、艺术文化、科技创新、体育运动等功能丰富、类型兼备的各类学生社团组织。学生社团联合会以充分调动众多社团及其会员的积极性和创造性，全面开展有深度、有内涵、有品位、有价值、有意义的社团活动，不断丰富校园文化生活，提高当代大学生的学习能力、实践能力、组织能力和创新能力为目标。社团联合会（以下简称社联会）下设五个部门：

（一）办公室

负责受理社团活动资源申请，社团活动场地、物资的登记报备，以及社团财务监督管理工作；负责社联会物资采购与管理；负责与校内各学生组织进行沟通交流的相关工作；社团信息收集及社联会资料的归档工作。

（二）宣传部

负责社联会的宣传工作，具体职能包括社联会以及各社团新闻采写工作，制作视频、电子海报、手绘海报以及网络宣传工作。

（三）外联部

负责代表本机构与其他高校社联会保持良好的联络；负责校内活动礼宾接待；负责联系校外社会组织或其他机构，寻求赞助，为本机构及常德职业技术学院各社团举办活动筹集相关的活动经费。

（四）财务部

负责管理社联会内部所有非流动财产和资金；负责统筹社联会内部经费预算及财务收支情况；对社联会内部和各社团的非流动资产和财务收支进行监督、管理、登记、存档。

（五）组织部

负责社联会人事调动、考核、评奖评优及换届筹备工作；负责受理新社团成立申请及社团整合、撤销相关工作；负责社联会纳新事宜与骨干培训开展事宜；负责社联会各大型综合活动的组织策划；辅助学院各社团搞好各类大型综合活动、社团干部档案管理、社团注册、社团招新、会员注册、换届等工作。

全院各学生社团信息

协会名称	协会简介
HZH协会	该社团是由热爱T台、热爱走秀的文艺爱好者组织的一个充满激情的年轻团体，我们有专业老师进行指导，以健康，时尚，活力的形象展示给广大师生，并定期开展各式各样的走秀文化艺术的活动
车友协会	开展关于汽车方面的知识和活动，也保证汽车在喜欢的人群中的地位
滑板协会	滑板是一项锻炼人的身体更锻炼人的意志的非常有意义的运动。滑板的魅力在于面对挫折时，能以乐观向上的心态面对人生。在社团的指导下，提高了运动的安全性，可让社员放松身心的同时养成积极向上的健康态度，从而更好地去面对繁忙的学习和生活。本协会的宗旨是安全第一
话剧社	话剧社成立于2009年，以"丰富校园生活，传播戏剧文化"为宗旨，有许多展示自身魅力的平台，在表演中互相提高、互相总结吸收
街舞协会	以舞蹈为主，是具有青春活力的舞社，本着"培养个人爱好，展示个人才华"的精神让充满活力的我们在舞蹈追求中，遇到志同道合的知己，共同去编排与舞动属于自己的激情与快乐
拉丁舞协会	本协会面向学校，是一个由对舞蹈和交流有着共同爱好及热情的学生组成的非营利性质的社团组织，提供一个拉丁舞学习的培训及展现平台
轮滑协会	我校轮滑协会是集健身、竞技、娱乐、趣味、技巧、休闲于一体的学生社团。社团经常开展运动活动，培养同学们对轮滑活动的兴趣
书法协会	书法协会是我校成立较早的社团之一，本协会以"提高会员书法水平，弘扬传统书法艺术文化，繁荣校园文化"为宗旨，发展各会员的兴趣爱好
投资理财协会	投资理财协会主要对投资交易软件、投资交易知识、理财知识、规划图标进行有效的分析，为对理财有兴趣的同学提供一个更好的平台
校园电视台协会	它旨在全面提高学生素质，培养学生的创造性和自主发展意识，着重于宣传校园的在校学生，以校园学生活动或与校园活动相关的人与事为主，让在校学生在足不出户的情况下充分地了解学校发生的点点滴滴。
心理健康协会	大学生心理健康协会是一个具有群众性、自助性的公益社团，主要服务于在心理方面有困惑、心理素质弱的同学，协会的主要任务是以各种形式提高在校大学生的心理健康素质，对本校大学生心理健康工作的顺利开展起到一定的辅助作用。为心理健康教育知识，在大学生中普及和大学生心理健康素质的提高起到宣传和促进作用

续表

协会名称	协会简介
新闻协会	新闻协会是学院党委宣传部直接领导下的一个学生社团。协会于 2005 年 2 月由学院团委批准正式成立。2005 年 12 月荣获"常德市最受大众欢迎的明星社团"和"湖南省大中专院校明星学生社团"两项殊荣
瑜伽协会	瑜伽协会成立于 2013 年，自协会成立以来，坚持以"外增体质，内增素质，享受运动、陶冶情操"为宗旨，以"崇尚科学，追求健康"为目标，组织开展瑜伽练习，学习有关的知识，组织社团联谊等活动，积极组队参与老师的瑜伽讲解活动，并积极参与校内外各类活动。院瑜伽协会已是我院知名度极高的三星社团
羽毛球协会	本协会成立于 2012 年 10 月，是由学生自发组织，在学院团委领导下成立的社团组织，本协会的宗旨为"学会做人，学会做事，学业第一，球技第二"
粤语协会	粤语协会成立于 2014 年，现有社员 106 人，社团的宗旨是"求实取进"，为粤语爱好者服务，着眼于会员的实际要求，全心全意为会员；协会的目的是推广粤语，推广广东文化，让更多同学了解广东，丰富同学们的课余生活，通过组织各类活动满足广大粤语爱好者的需求
中医协会	中医协会于 2010 年 5 月正式成立，至今已有七年的历史。这七年，中医协会一直秉承"继承祖国医学精髓，弘扬传统文化精神"的宗旨，积极进取，开拓创新
主持人协会	主持人协会是一个释放才能的舞台，是一个锻炼口才的平台，是一个专业性学习型的学生团体组织。不仅满足了主持人的培养，还涉足了新闻类主持、服务类主持和传统文艺等领域朗诵与表演的结合，主要对会员的口才、舞台表现力等进行培训，培养自信、阳光、优雅的气质。让每一个社员在不断的学习、交流与实践中了解自立精神、科学态度、人文情怀的重要性，做到才思敏捷、沉着冷静、自信满满
足球协会	本协会于 2013 年成立，由热爱足球运动的同学发起，其宗旨是提高我院足球理论知识水平，丰富广大同学的业余生活，从而推动我院足球发展
曳步舞协会	本社团创建于 2014 年 2 月 26 日，社团宗旨为宣传曳步舞文化，以及为有兴趣者提供一个展现平台
阳光爱心协会	阳光爱心协会是以自愿原则组织起来的学生社团，属于院社团联合会，以提高当代大学生的责任感与道德情操为己任，关心扶助弱势群体。本协会组织的活动丰富了大学生的生活，提高了我院大学生的道德情操

续表

协会名称	协会简介
胆识训练营	胆识训练营成立于2015年3月30日,现有社员130人。社团的宗旨是通过组织各种类型的活动,为广大学生提供社会实践的舞台,达到"服务同学,奉献社会,以更好地适应未来社会的需要"的目的,提高自身就业竞争优势,实现创业梦想
十一区动漫社	动漫社以丰富同学们的业余生活为目标,给喜欢动漫的同学们提供了一个尽情享受动漫的空间,同学们对动漫的喜爱是我们社团的基础。社团不能违背校园文明风尚,动漫社的所有活动都是围绕着动漫开展的。我们的宗旨是让不懂动漫的人了解动漫并知道其中的乐趣,从而爱上动漫,享受动漫,在动漫中找到属于自己的快乐
音乐社	音乐社是一个交流音乐的社团,是学生提高音乐素养的团队,是音乐爱好者展现自己的平台,音乐社致力于提供一个音乐爱好者交流的平台,兼顾学校的艺术表演任务
篮球社	社团以篮球运动为主,是一个由本校学生自愿组织,在校团委直接领导下开展活动的学生群众性团体
创业联盟协会	协会成立于2011年,以"团结合作,互助共赢,敢做敢当"为主旨,创办初衷是为了把职院有想法,有梦想的创业青年集中在一起,通过这个创业平台一起去完成心目中的梦想
科技协会	本协会是学院青年科技爱好者的学术性、非营利性社会组织,主要由对科技创新感兴趣的青年以及有关单位和团体自愿结成
踏风骑行社	踏风骑行社以骑行为主,社团设有七个部门。一个人,一瓶水,飞驰在青山绿水之间
说唱协会	从跳舞到摇滚再到今天的说唱,经历了许多跟音乐有关的事,简历不需要说太多,只有一句话:没有音乐,没有梦想;我有音乐,所以我有音乐的梦想。继续加油,无畏前进
旅游协会	旅游协会关注大学生的成长与发展,加强与各社团和学生组织合作,积极参与公益献爱心等社会实践活动,与其他高校一道共同成长,为社会贡献一份力量
形象塑造协会	开展青年形象塑造教育专题调研、理论研究和学术交流,面向全校青年普及美学知识、弘扬美学精神、传播美学思想,为促进校内外形象塑造交流和合作,为培养更多的具有创新精神和实践能力的后备人才而努力

四、青年志愿者联合会

常德职业技术学院青年志愿者联合会是在院团委领导下,负责组织、管理、服务我院青年志愿者的学生组织,以奉献社会、服务社会、锻炼自我为宗旨,以吸纳广大青年学生参加为基本特征,以促进社会主义道德文明建设为导向,以形式多样的志愿服务为纽带,是一支推动常德职业技术学院精神文明建设、立足校园、服务社会的青年队伍。学院青年志愿者联合会(以下简称青联会)下设六个部门:

(一)办公室

负责全院青协的联络与协调;负责各重大会议召集、秩序维护和会议记录;负责筹备开展日常活动时涉及的文字材料;负责做好对日常资料的整理和积累。

(二)财务审计部

负责对各志愿者活动经费的申报进行审核、登记与报销工作;负责管理青联会的财务开支,保存财务票据。

(三)组织策划部

负责代表本机构联系社会福利机构或其他公益团体;负责寻求其他社会团体赞助,为本机构及各系青协筹集相关的公益活动物资;负责志愿者活动的组织与策划,制定活动方案,召集并组织实施各项志愿者活动。

(四)人力资源部

负责志愿者的招募和培训,根据志愿者特点建设志愿者资源库;发布活动需求;制定评分评价政策,组织实施评分管理,对志愿者进行考核、评奖、评优等工作。

(五)宣传部

负责活动前宣传物质设计与准备;负责向校内外宣传青协的宗旨、服务活动;宣传志愿者的服务精神;负责宣传稿件的撰写;负责各项活动照片、影像的采编等工作。

第二章

规章制度

第一节　国家法规文献

一、普通高等学校学生管理规定

普通高等学校学生管理规定

中华人民共和国教育部令第 41 号

第一章　总　　则

第一条　为规范普通高等学校学生管理行为，维护普通高等学校正常的教育教学秩序和生活秩序，保障学生合法权益，培养德、智、体、美等方面全面发展的社会主义建设者和接班人，依据教育法、高等教育法以及有关法律、法规，制定本规定。

第二条　本规定适用于普通高等学校、承担研究生教育任务的科学研究机构（以下称学校）对接受普通高等学历教育的研究生和本科、专科（高职）学生（以下称学生）的管理。

第三条　学校要坚持社会主义办学方向，坚持马克思主义的指导地位，全面贯彻国家教育方针；要坚持以立德树人为根本，以理想信念教育为核心，培育和践行社会主义核心价值观，弘扬中华优秀传统文化和革命文化、社会主义先进文化，培养学生的社会责任感、创新精神和实践能力；要坚持依法治校，科学管理，健全和完善管理制度，规范管理行为，将管理与育人相结合，不断提高管理和服务水平。

第四条 学生应当拥护中国共产党的领导，努力学习马克思列宁主义、毛泽东思想、中国特色社会主义理论体系，深入学习习近平总书记系列重要讲话精神和治国理政新理念新思想新战略，坚定中国特色社会主义道路自信、理论自信、制度自信、文化自信，树立中国特色社会主义共同理想；应当树立爱国主义思想，具有团结统一、爱好和平、勤劳勇敢、自强不息的精神；应当增强法治观念，遵守宪法、法律、法规，遵守公民道德规范，遵守学校管理制度，具有良好的道德品质和行为习惯；应当刻苦学习，勇于探索，积极实践，努力掌握现代科学文化知识和专业技能；应当积极锻炼身体，增进身心健康，提高个人修养，培养审美情趣。

第五条 实施学生管理，应当尊重和保护学生的合法权利，教育和引导学生承担应尽的义务与责任，鼓励和支持学生实行自我管理、自我服务、自我教育、自我监督。

第二章　学生的权利与义务

第六条 学生在校期间依法享有下列权利：
（一）参加学校教育教学计划安排的各项活动，使用学校提供的教育教学资源；
（二）参加社会实践、志愿服务、勤工助学、文娱体育及科技文化创新等活动，获得就业创业指导和服务；
（三）申请奖学金、助学金及助学贷款；
（四）在思想品德、学业成绩等方面获得科学、公正评价，完成学校规定学业后获得相应的学历证书、学位证书；
（五）在校内组织、参加学生团体，以适当方式参与学校管理，对学校与学生权益相关事务享有知情权、参与权、表达权和监督权；
（六）对学校给予的处理或者处分有异议，向学校、教育行政部门提出申诉，对学校、教职员工侵犯其人身权、财产权等合法权益的行为，提出申诉或者依法提起诉讼；
（七）法律、法规及学校章程规定的其他权利。

第七条 学生在校期间依法履行下列义务：
（一）遵守宪法和法律、法规；
（二）遵守学校章程和规章制度；
（三）恪守学术道德，完成规定学业；
（四）按规定缴纳学费及有关费用，履行获得贷学金及助学金的相应义务；

（五）遵守学生行为规范，尊敬师长，养成良好的思想品德和行为习惯；

（六）法律、法规及学校章程规定的其他义务。

第三章　学籍管理

第一节　入学与注册

第八条　按国家招生规定录取的新生，持录取通知书，按学校有关要求和规定的期限到校办理入学手续。因故不能按期入学的，应当向学校请假。未请假或者请假逾期的，除因不可抗力等正当事由以外，视为放弃入学资格。

第九条　学校应当在报到时对新生入学资格进行初步审查，审查合格的办理入学手续，予以注册学籍；审查发现新生的录取通知、考生信息等证明材料，与本人实际情况不符，或者有其他违反国家招生考试规定情形的，取消入学资格。

第十条　新生可以申请保留入学资格。保留入学资格期间不具有学籍。保留入学资格的条件、期限等由学校规定。

新生保留入学资格期满前应向学校申请入学，经学校审查合格后，办理入学手续。审查不合格的，取消入学资格；逾期不办理入学手续且未有因不可抗力延迟等正当理由的，视为放弃入学资格。

第十一条　学生入学后，学校应当在3个月内按照国家招生规定进行复查。复查内容主要包括以下方面：

（一）录取手续及程序等是否合乎国家招生规定；

（二）所获得的录取资格是否真实、合乎相关规定；

（三）本人及身份证明与录取通知、考生档案等是否一致；

（四）身心健康状况是否符合报考专业或者专业类别体检要求，能否保证在校正常学习、生活；

（五）艺术、体育等特殊类型录取学生的专业水平是否符合录取要求。

复查中发现学生存在弄虚作假、徇私舞弊等情形的，确定为复查不合格，应当取消学籍；情节严重的，学校应当移交有关部门调查处理。

复查中发现学生身心状况不适宜在校学习，经学校指定的二级甲等以上医院诊断，需要在家休养的，可以按照第十条的规定保留入学资格。

复查的程序和办法，由学校规定。

第十二条　每学期开学时，学生应当按学校规定办理注册手续。不能如期注册的，应当履行暂缓注册手续。未按学校规定缴纳学费或者有其他不符合注册条件的，不予注册。

家庭经济困难的学生可以申请助学贷款或者其他形式资助，办理有关手续后注册。

学校应当按照国家有关规定为家庭经济困难学生提供教育救助，完善学生资助体系，保证学生不因家庭经济困难而放弃学业。

第二节　考核与成绩记载

第十三条　学生应当参加学校教育教学计划规定的课程和各种教育教学环节（以下统称课程）的考核，考核成绩记入成绩册，并归入学籍档案。

考核分为考试和考查两种。考核和成绩评定方式，以及考核不合格的课程是否重修或者补考，由学校规定。

第十四条　学生思想品德的考核、鉴定，以本规定第四条为主要依据，采取个人小结、师生民主评议等形式进行。

学生体育成绩评定要突出过程管理，可以根据考勤、课内教学、课外锻炼活动和体质健康等情况综合评定。

第十五条　学生每学期或者每学年所修课程或者应修学分数以及升级、跳级、留级、降级等要求，由学校规定。

第十六条　学生根据学校有关规定，可以申请辅修校内其他专业或者选修其他专业课程；可以申请跨校辅修专业或者修读课程，参加学校认可的开放式网络课程学习。学生修读的课程成绩（学分），学校审核同意后，予以承认。

第十七条　学生参加创新创业、社会实践等活动以及发表论文、获得专利授权等与专业学习、学业要求相关的经历、成果，可以折算为学分，计入学业成绩。具体办法由学校规定。

学校应当鼓励、支持和指导学生参加社会实践、创新创业活动，可以建立创新创业档案、设置创新创业学分。

第十八条　学校应当健全学生学业成绩和学籍档案管理制度，真实、完整地记载、出具学生学业成绩，对通过补考、重修获得的成绩，应当予以标注。

学生严重违反考核纪律或者作弊的，该课程考核成绩记为无效，并应视其违纪或者作弊情节，给予相应的纪律处分。给予警告、严重警告、记过及留校察看处分的，经教育表现较好，可以对该课程给予补考或者重修机会。

学生因退学等情况中止学业，其在校学习期间所修课程及已获得的学分，应当予以记录。学生重新参加入学考试、符合录取条件，再次入学的，其已获得学分，经录取学校认定，可以予以承认。具体办法由学校规定。

第十九条　学生应当按时参加教育教学计划规定的活动。不能按时参加的，应当事先请假并获得批准。无故缺席的，根据学校有关规定给予批评教育，情节严重的，给予相应的纪律处分。

第二十条 学校应当开展学生诚信教育，以适当方式记录学生学业、学术、品行等方面的诚信信息，建立对失信行为的约束和惩戒机制；对有严重失信行为的，可以规定给予相应的纪律处分，对违背学术诚信的，可以对其获得学位及学术称号、荣誉等作出限制。

第三节 转专业与转学

第二十一条 学生在学习期间对其他专业有兴趣和专长的，可以申请转专业；以特殊招生形式录取的学生，国家有相关规定或者录取前与学校有明确约定的，不得转专业。

学校应当制定学生转专业的具体办法，建立公平、公正的标准和程序，健全公示制度。学校根据社会对人才需求情况的发展变化，需要适当调整专业的，应当允许在读学生转到其他相关专业就读。

休学创业或退役后复学的学生，因自身情况需要转专业的，学校应当优先考虑。

第二十二条 学生一般应当在被录取学校完成学业。因患病或者有特殊困难、特别需要，无法继续在本校学习或者不适应本校学习要求的，可以申请转学。有下列情形之一，不得转学：

（一）入学未满一学期或者毕业前一年的；
（二）高考成绩低于拟转入学校相关专业同一生源地相应年份录取成绩的；
（三）由低学历层次转为高学历层次的；
（四）以定向就业招生录取的；
（五）研究生拟转入学校、专业的录取控制标准高于其所在学校、专业的；
（六）无正当转学理由的。

学生因学校培养条件改变等非本人原因需要转学的，学校应当出具证明，由所在地省级教育行政部门协调转学到同层次学校。

第二十三条 学生转学由学生本人提出申请，说明理由，经所在学校和拟转入学校同意，由转入学校负责审核转学条件及相关证明，认为符合本校培养要求且学校有培养能力的，经学校校长办公会或者专题会议研究决定，可以转入。研究生转学还应当经拟转入专业导师同意。

跨省转学的，由转出地省级教育行政部门商转入地省级教育行政部门，按转学条件确认后办理转学手续。转户口的须由转入地省级教育行政部门将有关文件抄送转入学校所在地的公安机关。

第二十四条 学校应当按照国家有关规定，建立健全学生转学的具体办法；对转学情况应当及时进行公示，并在转学完成后 3 个月内，由转入学校报所在地省级教育行政部门备案。

省级教育行政部门应当加强对区域内学校转学行为的监督和管理，及时纠正违规转学行为。

第四节 休学与复学

第二十五条 学生可以分阶段完成学业，除另有规定外，应当在学校规定的最长学习年限（含休学和保留学籍）内完成学业。

学生申请休学或者学校认为应当休学的，经学校批准，可以休学。休学次数和期限由学校规定。

第二十六条 学校可以根据情况建立并实行灵活的学习制度。对休学创业的学生，可以单独规定最长学习年限，并简化休学批准程序。

第二十七条 新生和在校学生应征参加中国人民解放军（含中国人民武装警察部队），学校应当保留其入学资格或者学籍至退役后 2 年。

学生参加学校组织的跨校联合培养项目，在联合培养学校学习期间，学校同时为其保留学籍。

学生保留学籍期间，与其实际所在的部队、学校等组织建立管理关系。

第二十八条 休学学生应当办理手续离校。学生休学期间，学校应为其保留学籍，但不享受在校学习学生待遇。因病休学学生的医疗费按国家及当地的有关规定处理。

第二十九条 学生休学期满前应当在学校规定的期限内提出复学申请，经学校复查合格，方可复学。

第五节 退 学

第三十条 学生有下列情形之一，学校可予退学处理：

（一）学业成绩未达到学校要求或者在学校规定的学习年限内未完成学业的；

（二）休学、保留学籍期满，在学校规定期限内未提出复学申请或者申请复学经复查不合格的；

（三）根据学校指定医院诊断，患有疾病或者意外伤残不能继续在校学习的；

（四）未经批准连续两周未参加学校规定的教学活动的；

（五）超过学校规定期限未注册而又未履行暂缓注册手续的；

（六）学校规定的不能完成学业、应予退学的其他情形。

学生本人申请退学的，经学校审核同意后，办理退学手续。

第三十一条 退学学生，应当按学校规定期限办理退学手续离校。退学的研究生，按已有毕业学历和就业政策可以就业的，由学校报所在地省级毕业生就业部门办理相关手续；在学校规定期限内没有聘用单位的，应当办理退学手续离校。

退学学生的档案由学校退回其家庭所在地，户口应当按照国家相关规定迁回原户籍地或者家庭户籍所在地。

第六节 毕业与结业

第三十二条 学生在学校规定学习年限内，修完教育教学计划规定内容，成绩合格，达到学校毕业要求的，学校应当准予毕业，并在学生离校前发给毕业证书。

符合学位授予条件的，学位授予单位应当颁发学位证书。

学生提前完成教育教学计划规定内容，获得毕业所要求的学分，可以申请提前毕业。学生提前毕业的条件，由学校规定。

第三十三条 学生在学校规定学习年限内，修完教育教学计划规定内容，但未达到学校毕业要求的，学校可以准予结业，发给结业证书。

结业后是否可以补考、重修或者补作毕业设计、论文、答辩，以及是否颁发毕业证书、学位证书，由学校规定。合格后颁发的毕业证书、学位证书，毕业时间、获得学位时间按发证日期填写。

对退学学生，学校应当发给肄业证书或者写实性学习证明。

第七节 学业证书管理

第三十四条 学校应当严格按照招生时确定的办学类型和学习形式，以及学生招生录取时填报的个人信息，填写、颁发学历证书、学位证书及其他学业证书。

学生在校期间变更姓名、出生日期等证书需填写个人信息的，应当有合理、充分的理由，并提供有法定效力的相应证明文件。学校进行审查，需要学生生源地省级教育行政部门及有关部门协助核查的，有关部门应当予以配合。

第三十五条 学校应当执行高等教育学籍学历电子注册管理制度，完善学籍学历信息管理办法，按相关规定及时完成学生学籍学历电子注册。

第三十六条 对完成本专业学业同时辅修其他专业并达到该专业辅修要求的学生，由学校发给辅修专业证书。

第三十七条 对违反国家招生规定取得入学资格或者学籍的，学校应当取消其学籍，不得发给学历证书、学位证书；已发的学历证书、学位证书，学校应当依法予以撤销。对以作弊、剽窃、抄袭等学术不端行为或者其他不正当手段获得学历证书、学位证书的，学校应当依法予以撤销。

被撤销的学历证书、学位证书已注册的，学校应当予以注销并报教育行政部门宣布无效。

第三十八条 学历证书和学位证书遗失或者损坏，经本人申请，学校核实后应当出具相应的证明书。证明书与原证书具有同等效力。

第四章 校园秩序与课外活动

第三十九条 学校、学生应当共同维护校园正常秩序，保障学校环境安全、稳定，保障学生的正常学习和生活。

第四十条 学校应当建立和完善学生参与管理的组织形式，支持和保障学生依法、依章程参与学校管理。

第四十一条 学生应当自觉遵守公民道德规范，自觉遵守学校管理制度，创造和维护文明、整洁、优美、安全的学习和生活环境，树立安全风险防范和自我保护意识，保障自身合法权益。

第四十二条 学生不得有酗酒、打架斗殴、赌博、吸毒，传播、复制、贩卖非法书刊和音像制品等违法行为；不得参与非法传销和进行邪教、封建迷信活动；不得从事或者参与有损大学生形象、有悖社会公序良俗的活动。

学校发现学生在校内有违法行为或者严重精神疾病可能对他人造成伤害的，可以依法采取或者协助有关部门采取必要措施。

第四十三条 学校应当坚持教育与宗教相分离原则。任何组织和个人不得在学校进行宗教活动。

第四十四条 学校应当建立健全学生代表大会制度，为学生会、研究生会等开展活动提供必要条件，支持其在学生管理中发挥作用。

学生可以在校内成立、参加学生团体。学生成立团体，应当按学校有关规定提出书面申请，报学校批准并施行登记和年检制度。

学生团体应当在宪法、法律、法规和学校管理制度范围内活动，接受学校的领导和管理。学生团体邀请校外组织、人员到校举办讲座等活动，需经学校批准。

第四十五条 学校提倡并支持学生及学生团体开展有益于身心健康、成长成才的学术、科技、艺术、文娱、体育等活动。

学生进行课外活动不得影响学校正常的教育教学秩序和生活秩序。

学生参加勤工助学活动应当遵守法律、法规以及学校、用工单位的管理制度,履行勤工助学活动的有关协议。

第四十六条 学生举行大型集会、游行、示威等活动,应当按法律程序和有关规定获得批准。对未获批准的,学校应当依法劝阻或者制止。

第四十七条 学生应当遵守国家和学校关于网络使用的有关规定,不得登陆非法网站和传播非法文字、音频、视频资料等,不得编造或者传播虚假、有害信息;不得攻击、侵入他人计算机和移动通信网络系统。

第四十八条 学校应当建立健全学生住宿管理制度。学生应当遵守学校关于学生住宿管理的规定。鼓励和支持学生通过制定公约,实施自我管理。

第五章 奖励与处分

第四十九条 学校、省(区、市)和国家有关部门应当对在德、智、体、美等全面发展或者在思想品德、学业成绩、科技创造、体育竞赛、文艺活动、志愿服务及社会实践等方面表现突出的学生,给予表彰和奖励。

第五十条 对学生的表彰和奖励可以采取授予"三好学生"称号或者其他荣誉称号、颁发奖学金等多种形式,给予相应的精神鼓励或者物质奖励。

学校对学生予以表彰和奖励,以及确定推荐免试研究生、国家奖学金、公派出国留学人选等赋予学生利益的行为,应当建立公开、公平、公正的程序和规定,建立和完善相应的选拔、公示等制度。

第五十一条 对有违反法律法规、本规定以及学校纪律行为的学生,学校应当给予批评教育,并可视情节轻重,给予如下纪律处分:

(一)警告;
(二)严重警告;
(三)记过;
(四)留校察看;
(五)开除学籍。

第五十二条 学生有下列情形之一,学校可以给予开除学籍处分:

(一)违反宪法,反对四项基本原则、破坏安定团结、扰乱社会秩序的;
(二)触犯国家法律,构成刑事犯罪的;
(三)受到治安管理处罚,情节严重、性质恶劣的;

（四）代替他人或者让他人代替自己参加考试、组织作弊、使用通信设备或其他器材作弊、向他人出售考试试题或答案牟取利益，以及其他严重作弊或扰乱考试秩序行为的；

（五）学位论文、公开发表的研究成果存在抄袭、篡改、伪造等学术不端行为，情节严重的，或者代写论文、买卖论文的；

（六）违反本规定和学校规定，严重影响学校教育教学秩序、生活秩序以及公共场所管理秩序的；

（七）侵害其他个人、组织合法权益，造成严重后果的；

（八）屡次违反学校规定受到纪律处分，经教育不改的。

第五十三条 学校对学生作出处分，应当出具处分决定书。处分决定书应当包括下列内容：

（一）学生的基本信息；

（二）作出处分的事实和证据；

（三）处分的种类、依据、期限；

（四）申诉的途径和期限；

（五）其他必要内容。

第五十四条 学校给予学生处分，应当坚持教育与惩戒相结合，与学生违法、违纪行为的性质和过错的严重程度相适应。学校对学生的处分，应当做到证据充分、依据明确、定性准确、程序正当、处分适当。

第五十五条 在对学生作出处分或者其他不利决定之前，学校应当告知学生作出决定的事实、理由及依据，并告知学生享有陈述和申辩的权利，听取学生的陈述和申辩。

处理、处分决定以及处分告知书等，应当直接送达学生本人，学生拒绝签收的，可以以留置方式送达；已离校的，可以采取邮寄方式送达；难于联系的，可以利用学校网站、新闻媒体等以公告方式送达。

第五十六条 对学生作出取消入学资格、取消学籍、退学、开除学籍或者其他涉及学生重大利益的处理或者处分决定的，应当提交校长办公会或者校长授权的专门会议研究决定，并应当事先进行合法性审查。

第五十七条 除开除学籍处分以外，给予学生处分一般应当设置6到12个月期限，到期按学校规定程序予以解除。解除处分后，学生获得表彰、奖励及其他权益，不再受原处分的影响。

第五十八条 对学生的奖励、处理、处分及解除处分材料，学校应当真实完整地归入学校文书档案和本人档案。

被开除学籍的学生，由学校发给学习证明。学生按学校规定期限离校，档案由学校退回其家庭所在地，户口应当按照国家相关规定迁回原户籍地或者家庭户籍所在地。

第六章 学生申诉

第五十九条 学校应当成立学生申诉处理委员会，负责受理学生对处理或者处分决定不服提起的申诉。

学生申诉处理委员会应当由学校相关负责人、职能部门负责人、教师代表、学生代表、负责法律事务的相关机构负责人等组成，可以聘请校外法律、教育等方面的专家参加。

学校应当制定学生申诉的具体办法，健全学生申诉处理委员会的组成与工作规则，提供必要条件，保证其能够客观、公正地履行职责。

第六十条 学生对学校的处理或者处分决定有异议的，可以在接到学校处理或者处分决定书之日起10日内，向学校学生申诉处理委员会提出书面申诉。

第六十一条 学生申诉处理委员会对学生提出的申诉进行复查，并在接到书面申诉之日起15日内作出复查结论并告知申诉人。情况复杂不能在规定限期内作出结论的，经学校负责人批准，可延长15日。学生申诉处理委员会认为必要的，可以建议学校暂缓执行有关决定。

学生申诉处理委员会经复查，认为做出处理或者处分的事实、依据、程序等存在不当，可以作出建议撤销或变更的复查意见，要求相关职能部门予以研究，重新提交校长办公会或者专门会议作出决定。

第六十二条 学生对复查决定有异议的，在接到学校复查决定书之日起15日内，可以向学校所在地省级教育行政部门提出书面申诉。

省级教育行政部门应当在接到学生书面申诉之日起30个工作日内，对申诉人的问题给予处理并作出决定。

第六十三条 省级教育行政部门在处理因对学校处理或者处分决定不服提起的学生申诉时，应当听取学生和学校的意见，并可根据需要进行必要的调查。根据审查结论，区别不同情况，分别作出下列处理：

（一）事实清楚、依据明确、定性准确、程序正当、处分适当的，予以维持；

（二）认定事实不存在，或者学校超越职权、违反上位法规定作出决定的，责令学校予以撤销；

（三）认定事实清楚，但认定情节有误、定性不准确，或者适用依据有错误的，责令学校变更或者重新作出决定；

（四）认定事实不清、证据不足，或者违反本规定以及学校规定的程序和权限的，责令学校重新作出决定。

第六十四条 自处理、处分或者复查决定书送达之日起，学生在申诉期内未提出申诉的视为放弃申诉，学校或者省级教育行政部门不再受理其提出的申诉。

处理、处分或者复查决定书未告知学生申诉期限的，申诉期限自学生知道或者应当知道处理或者处分决定之日起计算，但最长不得超过6个月。

第六十五条 学生认为学校及其工作人员违反本规定，侵害其合法权益的；或者学校制定的规章制度与法律法规和本规定抵触的，可以向学校所在地省级教育行政部门投诉。

教育主管部门在实施监督或者处理申诉、投诉过程中，发现学校及其工作人员有违反法律、法规及本规定的行为或者未按照本规定履行相应义务的，或者学校自行制定的相关管理制度、规定，侵害学生合法权益的，应当责令改正；发现存在违法违纪的，应当及时进行调查处理或者移送有关部门，依据有关法律和相关规定，追究有关责任人的责任。

第七章 附 则

第六十六条 学校对接受高等学历继续教育的学生、港澳台侨学生、留学生的管理，参照本规定执行。

第六十七条 学校应当根据本规定制定或修改学校的学生管理规定或者纪律处分规定，报主管教育行政部门备案（中央部委属校同时抄报所在地省级教育行政部门），并及时向学生公布。

省级教育行政部门根据本规定，指导、检查和监督本地区高等学校的学生管理工作。

第六十八条 本规定自2017年9月1日起施行。原《普通高等学校学生管理规定》（教育部令第21号）同时废止。其他有关文件规定与本规定不一致的，以本规定为准。

二、高等学校学生行为准则

高等学校学生行为准则

一、志存高远，坚定信念。努力学习马克思列宁主义、毛泽东思想、邓小平理论和"三个代表"重要思想,面向世界,了解国情,确立在中国共产党领导下走社会主义道路、实现中华民族伟大复兴的共同理想和坚定信念,努力成为有理想、有道德、有文化、有纪律的社会主义新人。

二、热爱祖国,服务人民。弘扬民族精神,维护国家利益和民族团结。不参与违反四项基本原则、影响国家统一和社会稳定的活动。培养同人民群众的深厚感情,正确处理国家、集体和个人三者利益关系,增强社会责任感,甘愿为祖国、为人民奉献。

三、勤奋学习,自强不息。追求真理,崇尚科学;刻苦钻研,严谨求实;积极实践,勇于创新;珍惜时间,学业有成。

四、遵纪守法,弘扬正气。遵守宪法、法律法规,遵守校纪校规;正确行使权利,依法履行义务;敬廉崇洁,公道正派;敢于并善于同各种违法违纪行为作斗争。

五、诚实守信,严于律己。履约践诺,知行统一;遵从学术规范、恪守学术道德,不作弊,不剽窃;自尊自爱,自省自律;文明使用互联网;自觉抵制黄、赌、毒等不良诱惑。

六、明礼修身,团结友爱。弘扬传统美德,遵守社会公德,男女交往文明;关心集体,爱护公物,热心公益;尊敬师长,友爱同学,团结合作;仪表整洁,待人礼貌;豁达宽容,积极向上。

七、勤俭节约,艰苦奋斗。热爱劳动,珍惜他人和社会劳动成果;生活俭朴,杜绝浪费;不追求超越自身和家庭实际的物质享受。

八、强健体魄,热爱生活。积极参加文体活动,提高身体素质,保持心理健康;磨砺意志,不怕挫折,提高适应能力;增强安全意识,防止意外事故;关爱自然,爱护环境,珍惜资源。

三、学生伤害事故处理办法

学生伤害事故处理办法

教育部令第12号

第一章　总　　则

第一条　为积极预防、妥善处理在校学生伤害事故,保护学生、学校的合法权益,根据《中华人民共和国教育法》《中华人民共和国未成年人保护法》和其他相关法律、行政法规及有关规定,制定本办法。

第二条 在学校实施的教育教学活动或者学校组织的校外活动中,以及在学校负有管理责任的校舍、场地、其他教育教学设施、生活设施内发生的,造成在校学生人身损害后果的事故的处理,适用本办法。

第三条 学生伤害事故应当遵循依法、客观公正、合理适当的原则,及时、妥善地处理。

第四条 学校的举办者应当提供符合安全标准的校舍、场地、其他教育教学设施和生活设施。

教育行政部门应当加强学校安全工作,指导学校落实预防学生伤害事故的措施,指导、协助学校妥善处理学生伤害事故,维护学校正常的教育教学秩序。

第五条 学校应当对在校学生进行必要的安全教育和自护、自救教育;应当按照规定,建立健全安全制度,采取相应的管理措施,预防和消除教育教学环境中存在的安全隐患;当发生伤害事故时,应当及时采取措施救助受伤害学生。

学校对学生进行安全教育、管理和保护,应当根据学生年龄、认知能力和法律行为能力的不同,采用相应的内容和预防措施。

第六条 学生应当遵守学校的规章制度和纪律;在不同的受教育阶段,应当根据自身的年龄、认知能力和法律行为能力,避免和消除相应的危险。

第七条 未成年学生的父母或者其他监护人(以下称为监护人)应当依法履行监护职责,配合学校对学生进行安全教育、管理和保护工作。

学校对未成年学生不承担监护职责,但法律有规定的或者学校依法接受委托承担相应监护职责的情形除外。

第二章 事故与责任

第八条 学生伤害事故的责任,应当根据相关当事人的行为与损害后果之间的因果关系依法确定。

因学校、学生或者其他相关当事人的过错造成的学生伤害事故,相关当事人应当根据其行为过错程度的比例及其与损害后果之间的因果关系承担相应的责任。当事人的行为是损害后果发生的主要原因,应当承担主要责任;当事人的行为是损害后果发生的非主要原因,承担相应的责任。

第九条 因下列情形之一造成的学生伤害事故,学校应当依法承担相应的责任:

(一)学校的校舍、场地、其他公共设施,以及学校提供给学生使用的学具、教育教学和生活设施、设备不符合国家规定的标准,或者有明显不安全因素的;

（二）学校的安全保卫、消防、设施设备管理等安全管理制度有明显疏漏，或者管理混乱，存在重大安全隐患，而未及时采取措施的；

（三）学校向学生提供的药品、食品、饮用水等不符合国家或者行业的有关标准、要求的；

（四）学校组织学生参加教育教学活动或者校外活动，未对学生进行相应的安全教育，并未在可预见的范围内采取必要的安全措施的；

（五）学校知道教师或者其他工作人员患有不适宜担任教育教学工作的疾病，但未采取必要措施的；

（六）学校违反有关规定，组织或者安排未成年学生从事不宜未成年人参加的劳动、体育运动或者其他活动的；

（七）学生有特异体质或者特定疾病，不宜参加某种教育教学活动，学校知道或者应当知道，但未予以必要的注意的；

（八）学生在校期间突发疾病或者受到伤害，学校发现，但未根据实际情况及时采取相应措施，导致不良后果加重的；

（九）学校教师或者其他工作人员体罚或者变相体罚学生，或者在履行职责过程中违反工作要求、操作规程、职业道德或者其他有关规定的；

（十）学校教师或者其他工作人员在负有组织、管理未成年学生的职责期间，发现学生行为具有危险性，但未进行必要的管理、告诫或者制止的；

（十一）对未成年学生擅自离校等与学生人身安全直接相关的信息，学校发现或者知道，但未及时告知未成年学生的监护人，导致未成年学生因脱离监护人的保护而发生伤害的；

（十二）学校有未依法履行职责的其他情形的。

第十条 学生或者未成年学生监护人由于过错，有下列情形之一，造成学生伤害事故，应当依法承担相应的责任：

（一）学生违反法律法规的规定，违反社会公共行为准则、学校的规章制度或者纪律，实施按其年龄和认知能力应当知道具有危险或者可能危及他人的行为的；

（二）学生行为具有危险性，学校、教师已经告诫、纠正，但学生不听劝阻、拒不改正的；

（三）学生或者其监护人知道学生有特异体质，或者患有特定疾病，但未告知学校的；

（四）未成年学生的身体状况、行为、情绪等有异常情况，监护人知道或者已被学校告知，但未履行相应监护职责的；

（五）学生或者未成年学生监护人有其他过错的。

第十一条 学校安排学生参加活动，因提供场地、设备、交通工具、食品及其他消费与服务的经营者，或者学校以外的活动组织者的过错造成的学生伤害事故，有过错的当事人应当依法承担相应的责任。

第十二条 因下列情形之一造成的学生伤害事故，学校已履行了相应职责，行为并无不当的，无法律责任：

（一）地震、雷击、台风、洪水等不可抗的自然因素造成的；

（二）来自学校外部的突发性、偶发性侵害造成的；

（三）学生有特异体质、特定疾病或者异常心理状态，学校不知道或者难于知道的；

（四）学生自杀、自伤的；

（五）在对抗性或者具有风险性的体育竞赛活动中发生意外伤害的；

（六）其他意外因素造成的。

第十三条 下列情形下发生的造成学生人身损害后果的事故，学校行为并无不当的，不承担事故责任；事故责任应当按有关法律法规或者其他有关规定认定：

（一）在学生自行上学、放学、返校、离校途中发生的；

（二）在学生自行外出或者擅自离校期间发生的；

（三）在放学后、节假日或者假期等学校工作时间以外，学生自行滞留学校或者自行到校发生的；

（四）其他在学校管理职责范围外发生的。

第十四条 因学校教师或者其他工作人员与其职务无关的个人行为，或者因学生、教师及其他个人故意实施的违法犯罪行为，造成学生人身损害的，由致害人依法承担相应的责任。

第三章 事故处理程序

第十五条 发生学生伤害事故，学校应当及时救助受伤害学生，并应当及时告知未成年学生的监护人；有条件的，应当采取紧急救援等方式救助。

第十六条 发生学生伤害事故，情形严重的，学校应当及时向主管教育行政部门及有关部门报告；属于重大伤亡事故的，教育行政部门应当按照有关规定及时向同级人民政府和上一级教育行政部门报告。

第十七条 学校的主管教育行政部门应学校要求或者认为必要，可以指导、协助学校进行事故的处理工作，尽快恢复学校正常的教育教学秩序。

第十八条 发生学生伤害事故,学校与受伤害学生或者学生家长可以通过协商方式解决;双方自愿,可以书面请求主管教育行政部门进行调解。成年学生或者未成年学生的监护人也可以依法直接提起诉讼。

第十九条 教育行政部门收到调解申请,认为必要的,可以指定专门人员进行调解,并应当在受理申请之日起60日内完成调解。

第二十条 经教育行政部门调解,双方就事故处理达成一致意见的,应当在调解人员的见证下签订调解协议,结束调解;在调解期限内,双方不能达成一致意见,或者调解过程中一方提起诉讼,人民法院已经受理的,应当终止调解。调解结束或者终止,教育行政部门应当书面通知当事人。

第二十一条 对经调解达成的协议,一方当事人不履行或者反悔的,双方可以依法提起诉讼。

第二十二条 事故处理结束,学校应当将事故处理结果书面报告主管的教育行政部门;重大伤亡事故的处理结果,学校主管的教育行政部门应当向同级人民政府和上一级教育行政部门报告。

第四章 事故损害的赔偿

第二十三条 对发生学生伤害事故负有责任的组织或者个人,应当按照法律法规的有关规定,承担相应的损害赔偿责任。

第二十四条 学生伤害事故赔偿的范围与标准,按照有关行政法规、地方性法规或者最高人民法院司法解释中的有关规定确定。

教育行政部门进行调解时,认为学校有责任的,可以依照有关法律法规及国家有关规定,提出相应的调解方案。

第二十五条 对受伤害学生的伤残程度存在争议的,可以委托当地具有相应鉴定资格的医院或者有关机构,依据国家规定的人体伤残标准进行鉴定。

第二十六条 学校对学生伤害事故负有责任的,根据责任大小,适当予以经济赔偿,但不承担解决户口、住房、就业等与救助受伤害学生、赔偿相应经济损失无直接关系的其他事项。

学校无责任的,如果有条件,可以根据实际情况,本着自愿和可能的原则,对受伤害学生给予适当的帮助。

第二十七条 因学校教师或者其他工作人员在履行职务中的故意或者重大过失造成的学生伤害事故,学校予以赔偿后,可以向有关责任人员追偿。

第二十八条 未成年学生对学生伤害事故负有责任的,由其监护人依法承担相应的赔偿责任。

学生的行为侵害学校教师及其他工作人员以及其他组织、个人的合法权益，造成损失的，成年学生或者未成年学生的监护人应当依法予以赔偿。

第二十九条 根据双方达成的协议、经调解形成的协议或者人民法院的生效判决，应当由学校负担的赔偿金，学校应当负责筹措；学校无力完全筹措的，由学校的主管部门或者举办者协助筹措。

第三十条 县级以上人民政府教育行政部门或者学校举办者有条件的，可以通过设立学生伤害赔偿准备金等多种形式，依法筹措伤害赔偿金。

第三十一条 学校有条件的，应当依据保险法的有关规定，参加学校责任保险。教育行政部门可以根据实际情况，鼓励中小学参加学校责任保险。

提倡学生自愿参加意外伤害保险。在尊重学生意愿的前提下，学校可以为学生参加意外伤害保险创造便利条件，但不得从中收取任何费用。

第五章 事故责任者的处理

第三十二条 发生学生伤害事故，学校负有责任且情节严重的，教育行政部门应当根据有关规定，对学校的直接负责的主管人员和其他直接责任人员，分别给予相应的行政处分；有关责任人的行为触犯刑律的，应当移送司法机关依法追究刑事责任。

第三十三条 学校管理混乱，存在重大安全隐患的，主管的教育行政部门或者其他有关部门应当责令其限期整顿；对情节严重或者拒不改正的，应当依据法律法规的有关规定，给予相应的行政处罚。

第三十四条 教育行政部门未履行相应职责，对学生伤害事故的发生负有责任的，由有关部门对直接负责的主管人员和其他直接责任人员分别给予相应的行政处分；有关责任人的行为触犯刑律的，应当移送司法机关依法追究刑事责任。

第三十五条 违反学校纪律，对造成学生伤害事故负有责任的学生，学校可以给予相应的处分；触犯刑律的，由司法机关依法追究刑事责任。

第三十六条 受伤害学生的监护人、亲属或者其他有关人员，在事故处理过程中无理取闹，扰乱学校正常教育教学秩序，或者侵犯学校、学校教师或者其他工作人员的合法权益的，学校应当报告公安机关依法处理；造成损失的，可以依法要求赔偿。

第六章 附 则

第三十七条 本办法所称学校，是指国家或者社会力量举办的全日制的中小学（含特殊教育学校）、各类中等职业学校、高等学校。本办法所称学生是指在上述学校中全日制就读的受教育者。

第三十八条　幼儿园发生的幼儿伤害事故，应当根据幼儿为完全无行为能力人的特点，参照本办法处理。

第三十九条　其他教育机构发生的学生伤害事故，参照本办法处理。

在学校注册的其他受教育者在学校管理范围内发生的伤害事故，参照本办法处理。

第四十条　本办法自2002年9月1日起实施，原国家教委、教育部颁布的与学生人身安全事故处理有关的规定，与本办法不符的，以本办法为准。在本办法实施之前已处理完毕的学生伤害事故不再重新处理。

第二节　学院管理制度

一、常德职业技术学院章程

常德职业技术学院章程

序　　言

常德职业技术学院是由原常德农业学校、常德卫生学校、常德机电工程学校合并组建的国有公办普通高等学校，2003年4月由湖南省人民政府批准成立。2005年5月，常德市第三人民医院并入，成为学院附属第一医院。学校的办学历史最早可追溯到1905年（清光绪三十一年）在长沙建立的湖南农业学堂，后历常德农业学校、常德卫生学校、常德机电工程学校的建立和发展。

长期以来，学院立德育人、勤谨治学、德技双修，职业教育的探索和实践传承至今，为国家建设特别是常德地方经济社会的建设和发展做出了重要贡献。

学院遵循职业教育规律，服务地方经济社会发展，坚持"育人为本，崇实重用"的办学理念，恪守"励志，笃学，厚德，创新"的校训，坚持内涵发展，不断提高人才培养质量，立足常德、面向湖南、辐射全国，致力于建设特色鲜明、省内一流、国内知名的高等职业院校。

第一章　总　　则

第一条　为保障学院依法办学、规范学院管理，依据《中华人民共和国教育法》《中华人民共和国高等教育法》《中华人民共和国职业教育法》等法律法规，结合学院实际，制定本章程。

第二条 学院名称为常德职业技术学院，简称"常德职院"，英文名称为ChangDe Vocational Technical College。

第三条 学院住所为常德市武陵区人民路4253号。学院网址为www.cdzy.cn。

第四条 学院由湖南省人民政府举办，由常德市人民政府主管，业务管理部门为湖南省教育厅。

第五条 学院是实施高等职业技术教育具有独立法人资格的非营利性事业单位，依法享有民事权利，承担民事责任。

院长为学院的法定代表人。

第六条 学院举办者和主管者依法提供和保障学院的办学条件，核准学院章程，任命学院负责人；指导并监督学院贯彻国家法律法规及对国有资产与经费的使用；尊重学校的独立法人地位和办学自主权，保障学院在办学过程中不受校外任何组织、机构和个人的非法干预；完善学院教育经费投入机制，保障学院办学经费的稳定投入。

第七条 学院坚持社会主义办学方向，贯彻党和国家的教育方针，坚持教育为社会主义现代化建设服务，与生产劳动和社会实践相结合，使受教育者成为德、智、体、美全面发展的中国特色社会主义事业的合格建设者和可靠接班人。

第八条 学院以服务地方经济社会发展为宗旨，不断创新体制机制，提升服务能力和水平，适应产业、对接产业、引领产业。坚持立德树人，提高教育教学水平，保障人才培养质量。

第九条 学院实行中国共产党常德职业技术学院委员会（以下简称"学院党委"）领导下的院长负责制，推行教授治学，实行民主管理。

第十条 学院坚持依法自主办学，以章程为统领，建立完善校内各项规章制度，形成健全、规范、统一的制度体系。

第二章　职能与任务

第十一条 学院以人才培养为根本任务，开展教育教学、科学研究、社会服务和文化传承创新。

第十二条 学院坚持综合型高职院校的办学定位，科学合理地组织和优化配置教学资源，培养适应岗位需求的高素质技术技能型专门人才，服务地方经济社会发展。

第十三条 学院依法按照学院章程管理学院，制定并组织实施学院发展规划，开展人才培养活动。

第十四条 学院根据社会需求和学院办学条件，自主设置与调整学科专业。

学院目前共设置有医药卫生、制造、农林牧渔、土建、财经、电子信息和轻纺食品等专业大类。

第十五条 学院根据社会需求和学院实际，自主制定招生章程、招生方案和各专业招生计划。

第十六条 学院根据人才培养目标，自主组织实施教育教学活动，选编教材，制定人才培养方案，建立健全教育教学质量监控体系，保证人才培养质量。

第十七条 学院主要开展全日制高职专科生教育，实施学历教育与职业培训并举、全日制教育与继续教育并重，大力开展继续教育和社会培训。

第十八条 学院根据需要和精简、效能的原则，自主确定教学、科学研究、行政职能部门等内部组织机构的设置和人员配备；按照国家有关规定，评聘教师和其他专业技术人员的职务，调整津贴及劳务分配。

第十九条 学院注重科技服务，做好产品研发、技术革新和科技咨询，为地方产业发展提供人力与智力支撑。

第二十条 学院引领和带动本地区职业教育的改革和发展，积极参与现代职业教育体系建设。

第二十一条 学院依法对完成学业的受教育者颁发学历证书，指导和促进毕业生就业创业，不断提高就业率，提升创业水平。

第二十二条 学依法与其他教育科研机构、企事业单位、社会团体开展联合办学和合作办学，按照国家有关规定，自主开展国际交流与合作、自主招收国外留学生。

第二十三条 学院坚持中国特色社会主义文化发展道路，积极推进文化传承与创新，倡导社会主义核心价值观，以先进文化引领人才培养、科学研究和社会服务。

第三章 治理结构

第一节 学院党委

第二十四条 学院党委是学院的领导核心，统一领导学院工作，履行党章等规定的各项职责，把握学院发展方向，决定学院重大问题，监督重大决议执行，支持院长依法独立负责地行使职权，保证以人才培养为中心的各项任务的完成。

党委的主要职责是：

（一）全面贯彻执行党的路线方针政策，贯彻执行党的教育方针，执行党中央、上级组织和本级组织的决议。坚持社会主义办学方向，坚持立德树人，依法治校，依靠全校师生员工推动学院科学发展，培养德智体美全面发展的中国特色社会主义事业合格建设者和可靠接班人。

（二）讨论决定事关学院改革发展稳定及教学、科研、行政管理中的重大事项和基本管理制度。

（三）坚持党管干部和党管人才原则，负责干部的选拔、教育、培养、考核和监督，讨论决定学院内部组织机构的设置及其负责人的人选，依照有关程序推荐院级领导干部和后备干部人选。讨论决定学院人才工作规划和重大人才政策，创新人才工作体制机制，优化人才成长环境，统筹推进学院各类人才队伍建设。做好老干部工作。

（四）领导学院思想政治工作和德育工作。掌握学院意识形态工作的领导权、管理权和话语权，维护学院安全稳定，促进和谐校园建设。

（五）加强学院文化建设，发挥文化育人作用，培育良好校风学风教风。

（六）加强对学院系（部，院）等基层党组织的领导，做好发展党员和党员教育、管理、服务工作，发展党内基层民主，充分发挥基层党组织的战斗堡垒作用和党员的先锋模范作用。加强学院党委自身建设。

（七）领导学院党的纪律检查工作，落实党风廉政建设主体责任，推进惩治和预防腐败体系建设。

（八）领导学院工会、共青团、学生会等群众组织和教职工代表大会。

（九）做好统一战线工作。落实党的统一战线和多党合作方针政策，支持民主党派基层组织依照各自章程开展工作。

（十）讨论决定其他事关师生员工切身利益的重要事项。

第二十五条　学院党委实行集体领导与个人分工负责相结合，坚持民主集中制，集体讨论决定学院重大问题和重要事项，领导班子成员按照分工履行职责。

第二十六条　党委书记主持党委全面工作，负责组织党委重要活动，协调党委领导班子成员工作，督促检查党委决议贯彻落实，主动协调党委与院长之间的工作关系，支持院长开展工作。

第二十七条　学院党委实行以下议事规则：

（一）学院党委会实行民主集中制，健全集体领导和个人分工负责相结合的制度。凡属重大问题都要按照集体领导、民主集中、个别酝酿、会议决定的原则，由党委会集体讨论决定；班子成员根据集体的决定和分工，切实履行自己的职责。

（二）党委会议由学院党委书记召集并主持，党委副书记、党委委员参加，党委书记不能参加时可由党委书记委托党委副书记召集并主持。不是党委委员的学院行政领导班子成员可参加会议。根据需要，有关部门（单位）主要负责人可列席会议。

（三）党委会议必须有半数以上党委委员出席方能召开；讨论决定干部任免等重要事项时，应有三分之二以上党委委员到会方能召开。

（四）党委会议议题由学院领导班子成员提出。议题提出后，有关领导应事先组织相关职能部门负责人，就提出的议题做好充分的调研和论证，提出具体建议或备选方案。对干部任免建议方案，在提交党委会议讨论决定前，应在党委书记、院长、副书记、分管组织工作院领导、纪委书记等范围内进行充分酝酿。有关教学、科研、行政管理工作等议题，应在会前听取院长意见，意见不一致的议题暂缓上会，待进一步交换意见，取得共识后再提交党委会讨论。涉及多个部门、单位的重要议题，应在调查研究的基础上提出建议方案，经院领导班子成员沟通酝酿且无重大分歧后提交会议讨论。

（五）党委会应按事先确定的议题进行，无特殊情况，不在会上临时动议；涉及议题的主管院领导不能出席会议时，一般情况下该议题缓议。

（六）党委会执行民主集中制，按照少数服从多数的原则做出决策。讨论决定重要事项时，采取表决制，以超过应到会委员人数的半数同意为通过。会议表决时可视情况采取口头、举手、票决的表决方式。

（七）党委会形成的决议（决定），以党委会议纪要下达相关部门、单位贯彻落实，需要在全院范围内告知的内容，在校园内部网上公布。

（八）会议决定的事项，按照集体领导、分工负责的原则，由分管领导负责落实。由于情况变化而不适宜或不可能按原决议执行时，一般应提交党委会复议。紧急情况需临时调整原决议的，可由党委书记征求副书记或分管领导意见后调整，但应在下次会议上通报情况。对不执行或擅自改变党委集体决定而造成不良后果、泄露会议敏感内容或保密内容的，将追究相关人员的责任。

第二十八条　中国共产党常德职业技术学院纪律检查委员会是学院的党内监督机构，在学院党委和上级纪委的领导下，检查党的路线、方针、政策、决议及学院重大决策的执行情况，协助党委做好党风廉政建设工作和组织协调反腐败工作，落实党风廉政建设的监督责任。受理党员的控告和申诉，保障党员权利。推进预防和惩治腐败体系建设，保障学院事业健康发展。

第二节 院　　长

第二十九条　院长是学院行政的主要负责人，在学院党委领导下，贯彻党的教育方针，组织实施学院党委有关决议，行使高等教育法、职业教育法等规定的各项职权，全面负责教学、科研和行政管理工作。

院长的主要职权是：

（一）组织拟订和实施学院发展规划、基本管理制度、重要行政规章制度、重大教学科研改革措施、重要办学资源配置方案。组织制定和实施具体规章制度、年度工作计划。

（二）组织拟订和实施学院内部组织机构的设置方案。按照国家法律和干部选拔任用工作有关规定，推荐副院长人选，任免内部组织机构的负责人。

（三）组织拟订和实施学院人才发展规划、重要人才政策和重大人才工程计划。负责教师队伍建设，依据有关规定聘任与解聘教师以及内部其他工作人员。

（四）组织拟订和实施学院重大基本建设、年度经费预算等方案。加强财务管理和审计监督，管理和保护学校资产。

（五）组织开展教学活动和科学研究，创新人才培养机制，提高人才培养质量，推进文化传承创新，服务国家和地方经济社会发展，把学校办出特色、争创一流。

（六）组织开展思想品德教育，负责学生学籍管理并实施奖励或处分，开展招生和就业工作。

（七）做好学院安全稳定和后勤保障工作。

（八）组织开展学院对外交流与合作，依法代表学院与各级政府、社会各界和境外机构等签署合作协议，接受社会捐赠。

（九）向党委报告重大决议执行情况，向教职工代表大会报告工作，组织处理教职工代表大会、学生代表大会、工会会员代表大会和团员代表大会有关行政工作的提案。支持学院各级党组织、民主党派基层组织、群众组织和学术组织开展工作。

（十）履行法律法规和学院章程规定的其他职权。

第三十条　学院院长主持院长办公会议。院长办公会议是学院行政议事决策机构，是院长行使职权的重要形式，主要研究提出拟由党委讨论决定的重要事项方案，具体部署落实党委决议的有关措施，研究处理教学、科研、行政管理工作。

院长办公会议议事规则：

（一）院长办公会议由院长召集和主持，院长不在时，可委托副院长召集和主持。会议成员一般为学院行政领导班子成员。根据需要，相关部门（单位）主要负责人、教师代表、学生代表可列席会议。

院长办公会议至少应有半数以上成员出席方能举行，研究或决定某一问题时，分管院领导应到会。

院长办公会是学院行政经常性例会，可定期或不定期召开。

（二）院长办公会议按照院长的职权范围确定议题。会议议题由会议成员提出，院长确定。议题提出后，有关领导应事先组织有关职能部门负责人，就提出的议题做好充分的调研和论证，提出具体建议或备选方案。重要议题应在会前听取党委书记意见，意见不一致的议题暂缓上会，待进一步交换意见、取得共识后再提交会议讨论。涉及多个部门、单位的重要议题，应在调查研究基础上提出建议方案，经院长办公会议成员沟通酝酿且无重大分歧后提交会议讨论决定。未经协调取得一致意见的方案，不得提交院长办公会议讨论。

（三）院长办公会议应按事先确定的议题进行，无特殊情况，不在会上临时动议；因特殊情况需临时增加或减少议题的，须经院长同意；涉及议题的分管院领导不能出席会议时，一般情况下该议题缓议。

（四）院长（或会议主持人）对议题在充分讨论的基础上作出决定。意见分歧较大时，一般暂缓作出决定，待进一步调查研究后提交下次院长办公会议讨论。会议决定的事项，按照集体领导、分工负责的原则，由分管领导负责组织落实。

（五）院长办公会议形成的决议（决定）以院长办公会议纪要下达相关部门、单位贯彻落实；需要在全院范围内告知的内容，在校园内部网上公布。

（六）由于情况变化而不适宜或不可能按原决议执行时，经院长同意，可提请院长办公会议复议；紧急情况需临时调整原决议，可由院长征求有关院领导意见后进行调整，但应在下次院长办公会议上通报。

（七）对不执行或擅自改变院长办公会议集体决定而造成不良后果、泄露会议敏感内容或保密内容，造成不良影响的，应追究相关人员的责任。

第三节 学术委员会

第三十一条 学院依法设立学术委员会。学术委员会是校内最高学术机构，统筹行使学术事务的决策、审议、评定和咨询等职权。

（一）学院下列事务决策前，提交学术委员会审议，或者交由学术委员会审议并直接做出决定：专业及教师队伍建设规划，科学研究、对外学术交流合作等重大学术规划；自主设置或者申请设置专业；学术机构设置方案，协同创新机制的建设方案；专业建设的资源配置方案；教学科研成果、人才培养质量的评价标准及考核办法；学历教育的培养标准、人才培养方案、招生的标准与办法；学校教师职务聘任的学术标准与办法；学术评价、争议处理规则，学术道德规范；学术委员会专门委员会组织规程，学术分委员会章程；学院认为需要提交审议的其他学术事务。

（二）学院实施以下事项，涉及对学术水平做出评价的，由学术委员会或者其授权的学术组织进行评定：学院教学、科学研究成果和奖励，对外推荐教学、科学研究成果奖；人才引进岗位人选、人才选拔培养计划人选；自主设立各类学术、科研基金、科研项目以及教学、科研奖项等；需要评价学术水平的其他事项。

（三）学院做出下列决策前，通报学术委员会，由学术委员会提出咨询意见：制订与学术事务相关的全局性、重大发展规划和发展战略；学院预算决算中教学、科研经费的安排和分配及使用；教学、科研重大项目的申报及资金的分配使用；开展中外合作办学、赴境外办学，对外开展重大项目合作；学院认为需要听取学术委员会意见的其他事项。

学术委员会对上述事项提出明确不同意见的，学院应当做出说明、重新协商研究或者暂缓执行。

（四）学术委员会按照有关规定及学院委托，受理有关学术不端行为的举报并进行调查，裁决学术纠纷。

第三十二条 学术委员会组成规则：

（一）学术委员会由学院不同学科、专业的高级专业技术职务人员组成，人数为15~29名之间的单数，其具体分配与学院的学科、专业设置相匹配，保证学术委员会的组成具有广泛的学科代表性和公平性。其中，担任学院及职能部门党政领导职务的委员，不超过委员总人数的1/4；不担任党政领导职务及系部主要负责人的，不少于委员总人数的1/2。学院可以根据需要聘请校外专家及有关方面代表，担任专门学术事项的特邀委员。

（二）学术委员会委员以自下而上的民主推荐、民主选举的方式和程序确定，充分反映基层学术组织和广大教师的意见。学术委员会委员应学风端正、公道正派，有较高学术造诣和学术声誉，有参与学术议事的意愿和能力。

特邀委员由院长、学术委员会主任委员或者1/3以上学术委员会委员提名，经学术委员会同意后确定。

（三）学术委员会委员由院长聘任。学术委员会委员实行任期制，任期4年，可连选连任，但连任最长不超过2届。学术委员会每次换届时，连任的委员人数不高于委员总数的2/3。

（四）学术委员会设主任委员1名，副主任委员若干名，由学术委员会全体会议选举产生。

（五）学术委员会可以按学术事务或专业大类设立若干专门（专业）委员会；根据需要，系部可设置学术分委员会，也可以委托学院学术委员会的专门（专业）委员会承担相应职责。

专门（专业）学术委员会设主任一名、委员5~9名，由各单位推荐，经学院学术委员会审议通过后，由学院学术委员会主任委员任命。

（六）学术委员会委员在任期内主动申请辞去委员职务的，因健康、退休及职务变动等原因不能履行职责的，不履行委员职责义务的，因其他原因不能或不宜担任委员职务的，经学术委员会全体会议讨论决定，可免除或同意其辞去委员职务，其缺额可按委员产生办法增补。

第三十三条　学术委员会运行规则：

（一）学术委员会实行例会制度，每学期至少召开1次全体会议。根据工作需要，经学术委员会主任委员或者院长提议，或者1/3以上委员联名提议，可以临时召开学术委员会全体会议。全体会议由学术委员会主任委员或主任委员委托的副主任委员主持。

学术委员会可授权专门委员会处理专项学术事务，履行相应职责。

学术委员会委员全体会议应有2/3以上委员出席方可举行。

（二）学术委员会全体会议应当提前确定议题并通知与会委员。学术委员会会议议题由秘书处负责收集和准备，报请主任委员审定；对于需听取委员咨询意见的议题，应事先将有关资料发至每位委员；经与会1/3以上委员同意，可以临时增加议题。

（三）学术委员会议事决策实行少数服从多数的原则，重大事项应当有与会委员的2/3以上同意，方可通过。学术委员会会议审议决定或者评定的事项，以无记名投票方式做出决定。

（四）学术委员会审议或者评定的事项与委员本人及其配偶和直系亲属有关，或者具有利益关联的，相关委员应当回避。

（五）学术委员会会议可以根据议题内容，允许相关学院职能部门、教师及学生代表列席旁听。

（六）学术委员会建立年度报告制度，每年度对学院整体的学术水平、专业发展、人才培养质量等进行全面评价，提出意见和建议；对学术委员会的运行及履行职责的情况进行总结。

第三十四条　学术委员会秘书处设在学院科研处，负责学术委员会日常工作。

第四节　教职工代表大会

第三十五条　学院教职工代表大会（以下简称"教代会"）是学院教职工依法参与学院民主管理和监督的基本形式，在学院党委的领导下开展工作。学院建立和完善教代会制度。

教代会的职权是：

（一）听取学院章程草案的制定和修订情况报告，提出修改意见和建议。

（二）听取学院发展规划、教职工队伍建设、教育教学改革、校园建设以及其他重大改革和重大问题解决方案的报告，提出意见和建议。

（三）听取学院年度工作、财务工作、工会工作报告以及其他专项工作报告，提出意见和建议。

（四）讨论通过学院提出的与教职工利益直接相关的福利、校内分配实施方案以及相应的教职工聘任、考核、奖惩办法。

（五）审议学院上一届（次）教代会提案的办理情况报告。

（六）按照有关工作规定和安排评议领导干部。

（七）通过多种方式对学院工作提出意见和建议，监督学院章程、规章制度和决策的落实，提出整改意见和建议；

（八）讨论法律法规规章规定的以及学院与学院工会商定的其他事项。

教代会的意见和建议，以会议决议的方式做出。

第三十六条　教职工代表以系（部）、处室、部门为单位，由教职工直接选举产生，其中教师代表占60%左右，女教职工代表不少于20%。凡是享有公民权的教职工均有选举权与被选举权。代表实行常任制，任期5年，到期改选。代表受原选举单位教职工的监督，必要时原选举单位可以依照规定的程序撤换、更换或补选本单位的代表。

第三十七条　教职工代表大会每5年1届，每年度开会1次。遇有重要事项，或根据1/3以上代表的要求，可以提前召开大会或召开临时代表会议。

第三十八条　学院制定教代会章程。教职工代表大会按照其章程开展工作。

第五节　群团组织

第三十九条　学院工会是学院党委和上级工会组织领导下的教职工自愿参加的群众组织，是教代会的工作机构，履行维护教职工合法权益的基本职责，依照法律规定通过教代会或其他形式，组织职工参与本单位的民主管理和监督，按照《中华人民共和国工会法》开展工作、履行职责。

学院在二级单位建立工会分会组织。

第四十条　学院共青团在学院党委和上级团组织的领导下，加强思想政治工作，坚持服务青年，不断提高青年的思想道德素质和科学文化素质。

学院共青团按照《中国共产主义青年团章程》开展工作、履行职责。

第四十一条　学院学生代表大会是在院党委领导和院团委指导下的学生自我教育、自我管理、自我服务，参与学院民主管理和监督的重要组织形式，代表全院学生的意志，维护全院学生的利益。

学院鼓励、支持和保障学生参与学院的民主管理和监督，支持和保障学生代表大会及其选举产生的学生会按照其章程开展活动。

学院设立学生工作委员会，半数委员由学生担任。学院支持学生直接参与学校民主管理，通过听证会、座谈会等形式，鼓励学生对学校的工作提出意见和建议。

《常德职业技术学院学生工作委员会工作条例》另行制定。

第四十二条　院内各民主党派依据法律和各自章程开展活动，参与学院民主管理。

第六节　校务监察委员会

第四十三条　学院设校务监察委员会，由院纪委委员代表、民主党派代表、教职工代表、学生代表组成。

监察委员会对学院机构及人员实施监察，主要履行下列职责：

（一）检查学院机构及人员在遵守和执行学院规章制度和决定中的问题，并向校方提出处理和改进的建议。

（二）检查学院机构及人员的履职情况，对相关问题提出处理（处分）意见。

（三）受理学院机构及人员对处分决定的异议或者申诉，依法依规维护其权益。

第四十四条　校务监察委员会对院长负责，学院监察室是监察委员会的办事机构。学院制定监察委员会章程,监察委员会按其章程开展工作。

第七节 党政职能机构和教辅机构

第四十五条 学院根据工作需要设立党政职能部门。党政职能部门根据学院的授权,履行管理和服务职责。

学院系、部、院、所等二级单位负责完成学院下达的各项工作任务,负责本单位的改革、发展、稳定和安全。

第四十六条 学院根据工作需要设置专门工作委员会或领导小组等临时性机构,协调和处理有关事务。

第四十七条 学院设置图书情报信息服务、现代信息技术服务、档案管理等公共服务机构,为教职工和学生提供服务。

第四章 教学科研单位

第四十八条 学院实行院、系(部)两级管理。

学院根据教学科研和人才培养工作需要,设置系、部、院、中心、所等教学与研究机构。教学系(部)设立系级研究机构、教研室、实验室等机构,需报学院审批。

第四十九条 系(部)是学院组织和实施教育教学、科学研究、社会服务和文化传承与创新的基层单位,在学院授权范围内实行自主管理。系(部)的主要职责是:

(一)坚持育人为本、崇实重用,发挥教育教学的主体作用,保证人才培养质量。

(二)制定和实施系(部)管理制度。

(三)根据学院总体规划,拟定和实施系(部)专业建设发展规划。制订专业人才培养方案、课程标准和其他教学文件,经批准后组织实施。

(四)负责教研室建设工作,组织教师开展教学、科研活动,推进教育教学改革。组织或参与编写各专业教材、补充教材、辅助教材及各类教学资料。积极开展科技、经济、文化等社会服务。

(五)拟订教师配备和使用计划,做好聘任教师的考核及初审,对本部门专业技术人员的职称评审提出初步意见。制订和实施教师培训计划,按要求建设双师型教师队伍。提出实习实训条件建设方案,负责实验实训场地建设及日常管理。

(六)制定教学工作计划,负责教学各环节的组织实施。负责教学秩序、教学质量的检查和评估，执行教学规范，严格教学管理。

（七）负责学生考试考核和成绩评定，组织学生职（执）业资格证考试。负责毕业生就业指导和就业推荐。

（八）做好学生的思想政治教育和日常管理，组织学生开展各种体育、文化、艺术活动和各类竞赛活动。

（九）负责系（部）的行政管理。做好各项经费的使用和监管，做好教学数据信息的统计和填报。

（十）完成学院交办的其他工作。

第五十条 系（部）主任是系（部）行政的主要负责人，全面负责系（部）的教学、科研和行政管理，在学院党委和院长领导下开展工作，履行职责。

第五十一条 系（部）经学院党委批准，设立党总支（支部），负责系（部）党的建设和思想政治工作，保证党和国家各项方针政策和学院的决定在本单位的贯彻执行，参与讨论决定本单位工作的重要事项，支持系（部）主任行使职权并监督系（部）工作。

第五十二条 系（部）建立健全党政联席会议制度。党政联席会议是系（部）重要事项的议事决策机构，讨论并提出本系（部）的发展思路与发展规划，讨论决定系（部）人才培养、科学研究、专业建设、师资队伍建设、党建与思想政治工作以及行政管理等方面的重要事项。党政联席会议由系（部）主任、党总支（支部）书记、副主任、副书记等组成。党政联席会主持人按会议内容分别由主任或书记担任，研究教学、科研与行政管理中的重要事项时，由系（部）主任主持；研究党建与思想政治工作及群团工作中的重要事项时，由党总支（支部）书记主持。

第五十三条 系（部）可设立学术分委员会或相应的学术组织，参照学院学术委员会章程行使权力、履行职责。

第五十四条 院属科研机构是学院依据学院专业（学科）发展规划、重大研究任务需要或地方经济社会发展需要而设置的以科学研究和技术服务为主要任务的学院直属机构，其负责人按有关规定和程序产生。

学院制定科研机构管理办法对科研机构进行管理。

第五十五条 学院附属医院是学院主管的独立核算二级机构。附属医院具有独立法人资格，院长为法定代表人。

附属医院的主要职责是：

（一）向社会提供医疗预防保健服务，承担医疗急救任务。

（二）承担学院医卫类专业学生的临床教学和实习任务。

（三）承担区域内公共卫生服务，参与区域内突发公共卫生事件的处理。

（四）开展教研、科研活动。

学院支持附属医院不断改善办院条件，提高医疗预防保健服务和教学科研水平。

学院考察和任命附属医院领导班子，审批人事招聘计划，对财务活动实施监管，对会计核算业务进行指导。

第五十六条 学院设立继续教育的专门机构，在资质和权限范围内面向社会开展成人学历教育和职业培训，同时以自学考试等方式服务学院在校学生的学历提高。

第五章 学　　生

第五十七条 学生是指被学院依法录取、取得入学资格，具有学院学籍的受教育者。

第五十八条 学生享有下列权利：

（一）公平接受学院教育，参加学院教育教学计划安排的各项活动，平等利用学院提供的教育教学资源。

（二）参加素质拓展、社会服务、勤工助学，但不影响学业任务的完成。

（三）组织学生社团，在法律法规规定的范围内活动并获得校方指导和经费等支持。

（四）在思想品德、综合素质、学业成绩等方面获得公正评价。思想品德合格，在规定的修业年限内学完规定的课程，成绩合格或者修满相应的学分时获得相应的学历证书。

（五）按国家及学院规定的标准和程序申请和获得奖学金、助学金及助学贷款。家庭经济困难的学生，可以申请补助或者减免学费。

（六）知悉学院改革、建设和发展及其他涉及个人切身利益的重大决定和重要事项。

（七）参与学院民主管理，对学院工作提出意见和建议；参与对教师的教学评价。

（八）对学院给予的处分或处理表达异议，对学院或教职工侵犯其人身、财产等合法权益的行为，向学院或上级有关部门提出申诉或依法提起诉讼。

（九）获得学院提供的职（执）业资格证考试指导和服务、就业创业指导和服务。

（十）国家法律法规及学院规章规定的其他权利。

第五十九条 学生应履行下列义务：

（一）尊敬师长，努力学习，完成规定学业。

（二）遵守国家法律法规及学院规章制度，自觉建设和维护学院"尊师，好学，自立，乐群"的学风。

（三）按规定缴纳学费及有关费用，履行获得奖学金、助学金及贷学金的相应义务。

（四）爱护并合理使用教育设备和生活设施。

（五）珍惜学院名誉，维护学院利益。

（六）国家法律法规和学院规章规定的其他义务。

第六十条 学院以立德树人为根本目标，引导学生养成良好的思想品德和行为习惯，为学生提供心理健康教育和文化体育设施及相关服务。

第六十一条 学院建立和完善学生权利保护制度，维护学生合法权益。学生申诉处理委员会负责受理学生对取消入学资格、退学处理或者违规、违纪处分的申诉。

第六十二条 学院制定相应的奖惩办法，对取得突出成绩和为学院争得荣誉的学生集体和个人进行表彰奖励，对违纪学生给予相应的批评教育或纪律处分。

第六十三条 学院在参与国家现代职业教育体系建设的进程中，积极为学生的人才成长搭建通道、创造条件。

第六十四条 在学院接受培训、继续教育等其他类型的受教育者，其权利义务由受教育者与学院按照平等自愿的原则依法另行约定。

第六章 教 职 工

第六十五条 学院教职工由教师和其他专业技术人员、管理人员和工勤人员等组成。

教师是学院办学的主要依靠力量。

第六十六条 学院教职工享有下列权利：

（一）公平使用学院的公共资源、享受工资福利待遇。

（二）公平获得自身发展所需的机会和条件。

（三）在品德、能力和业绩等方面获得公正评价。

（四）公平获得各种奖励和荣誉称号。

（五）知悉学院改革、建设、发展和涉及切身利益的重大决定和重要事项。

（六）参与民主管理，对学院工作提出意见和建议。

（七）就职务、福利待遇、评优评奖、纪律处分等事项表达异议和提出申诉。

（八）国家法律法规和学院规章规定及聘用合同约定的其他权利。

第六十七条 学院教职工应履行下列义务：

（一）遵守国家法律法规和学院规章制度、职业道德和学术规范，为人师表。

（二）服从安排，恪尽职守，勤勉工作。

（三）教书育人，建设和维护"爱生、敬业、博学、崇用"的教风。

（四）珍惜学院声誉，维护学院利益。

（五）国家法律法规和学院规章规定或聘任合同约定的其他义务。

第六十八条 学院坚持德才兼备的用人标准和"公开、平等、竞争、择优"的原则，依法公开招聘教职工。

学院依法对教职工实行下列聘任制度：对教师实行教师资格认证和教师职务与岗位聘任制度；对其他专业技术人员实行专业技术职务与岗位聘任制度；对管理人员实行教育职员岗位聘任制度；对工勤人员实行劳动合同制度。

第六十九条 学院制定相应办法和条例，对教师及其他专业技术人员的技术职务实施评聘分离。

第七十条 学院制定教职工考核制度，对教职工的思想政治表现、职业道德、业务水平和工作实绩进行考核，考核结果作为教职工聘任、解聘、晋升、奖励或者处分的依据。

第七十一条 学院建立教职工表彰奖惩制度，对工作业绩突出的教职工给予奖励，对违纪违规的教职工，依法依规给予批评教育或必要的纪律处分。

第七十二条 学院逐步提高教职工待遇。教职工待遇应与本地及学院发展水平相适应。

第七十三条 学院建立教职工权利保护机制，设立教职工申诉委员会。教职工除行使校内申诉权外，还可依照法律法规和规章的规定，向上级行政主管部门提出申诉、行政复议或者直接提起行政诉讼。

第七十四条 学院重视教职工职业生涯发展，建立教职工发展制度，分类建立人员培训体系。

第七十五条 学院尊重和爱护人才，尊重和保护学术自由，为教师开展教学、科研、自主创新等提供必要的条件和保障。

第七十六条 学院根据国家有关规定和教学需要，聘用校外兼职教师。校外兼职教师与专任教师总数的比例符合管理部门的相关要求。学院制定《兼职教师聘用和管理办法》。

第七章　经费、资产和后勤

第七十七条　学院经费来源主要包括财政补助收入、事业收入、上级补助收入、附属单位上缴收入、经营收入和其他收入等。

学院积极拓展办学经费来源，筹集办学资金，不断加大办学投入。

学院对所拥有的经费依法自主管理与使用。

第七十八条　学院实行"统一领导、集中管理"的财务管理体制。

第七十九条　学院对具有独立法人资格的独立核算单位实行经济责任目标管理，对其财务活动实行监管，对会计核算业务进行指导。

第八十条　学院建立健全各项财务管理制度，规范学院经济秩序，认真执行财政部、教育部《高等学校财务制度》及相关法律法规，依法接受审计监督。

第八十一条　学院坚持量入为出、收支平衡的预算编制原则，科学编制预算，并对预算执行过程进行有效控制和监督。

第八十二条　学院建立健全财务信息披露制度，依法公开财务信息，接受教职工、学生、有关部门和社会公众的监督。

第八十三条　学院建立健全内部审计和经济责任制度，对经济活动实行事前、事中、事后的审计监督。

第八十四条　学院资产属国有资产，包括利用国家财政资金形成的资产、国家无偿调拨给学校的资产、按照国家政策运用国家资产组织收入形成的资产、接受捐赠等经法律确认为国家所有的其他资产，其表现形式为流动资产、固定资产、在建工程和无形资产。

学院对拥有的资产享有法人财产权，依法自主管理和使用

第八十五条　学院实行"统一领导、归口管理、分级负责、责任到人"的资产管理体制，建立健全资产采购、配置、使用和处置等管理制度，合理配置资源，确保资产的安全和完整，提高资源使用效率。

第八十六条　学院不断提高后勤工作的管理水平和服务质量，为教学科研服务，为师生员工服务。

第八章　学院与社会

第八十七条　学院依法实行信息公开制度，及时向社会发布办学信息，主动接受社会监督和评价。

第八十八条 学院通过校企合作、工学结合、订单培养等方式，不断创新人才培养模式，加强同政府有关部门、行业、企业的广泛联系；通过技能培训、技术革新、继续教育、协同创新等多种方式，自觉服务地方经济和社会发展，积极争取社会各界的支持和帮助。

第八十九条 学院设立常德职业技术学院理事会。理事会由办学相关方面的代表组成，包括学院举办者、主管部门、共建单位代表、地方政府、行业组织、企业事业单位和其他社会组织的代表，杰出校友、社会知名人士以及学院及职能部门相关负责人。

学院理事会是支持学院发展的咨询、协商、审议与监督机构，是学院实现科学决策、民主监督、社会参与的重要组织形式，学院在密切社会联系、扩大决策民主、争取社会支持、完善监督机制等方面充分发挥理事会的作用。

第九十条 常德职业培训教育集团是由学院牵头组织、由常德市部分职业学院及市直单位、科研院所、培训机构、企业、行业等共同组建的非营利性职业培训教育机构。学院利用这一平台，充分整合职业教育资源，不断提升职业培训教育的服务功能与水平，更好地服务本地经济建设与社会发展。

常德职业培训教育集团按章程开展活动。

学院可根据需要牵头组建或参与其他教育集团或培训集团。

第九十一条 学院设立教育基金会，加强与社会各界的联系与合作，依法多渠道、多形式筹措资金，开展各种资助、奖励活动，增加办学资源。

第九十二条 学院建立校友会和校友工作委员会，密切联系校友，组织校友活动，向校友通报学院情况，听取校友的意见和建议，争取校友对学院的支持。

校友工作委员会下设办公室。

学院校友包括在学院及其前身学习或工作过的学生、学员和教职工，学院聘请的客座教授、兼职教师，学院授予校友会会员资格的其他个人。

第九章 校徽、校歌、校庆日

第九十三条 学院校徽为一圆形徽标，上方和下方分别为学院的中英文校名。"1905"字样代表学院办学的初始年份；徽标中央形似"CZ"图案为学院校名简称"常职"二字的汉语拼音首字母，其中"Z"形图案由三个"Z"组成，寓学院2003年组建时的工、农、医三类专业主体。

第九十四条 学院校歌为《常德职业技术学院校歌》，柳小年作词，莫津作曲。

第九十五条　学院院旗待定。

第九十六条　学院校庆日为每年的11月11日。

第十章　附　　则

第九十七条　本章程的制定和修改经学院教代会讨论、院长办公会审议、学院党委会审定，由市人民政府签署意见后，报湖南省教育厅核准。

第九十八条　出现下列情形之一时，由院长或教代会提议，经院党委同意后，可启动本章程的修订程序。

（一）本章程依据的法律法规发生变化。

（二）学院的举办者发生变化。

（三）学院发生合并、分立、更名、类别变更等变化。

（四）学院办学宗旨、发展目标、管理体制、运行机制等发生重大变化。

（五）其他影响本章程执行的环境或实质内容发生重大变化。

第九十九条　本章程是学院依法办学的基本准则，学院制定的各项规章制度必须以本章程为准则进行制定、修改和完善。

第一百条　本章程由学院党委负责解释。

第一百零一条　本章程经湖南省教育厅核准后生效，自学院公布之日起实施。

二、常德职业技术学院学生管理规定

常德职业技术学院学生管理规定

第一章　总　　则

第一条　为规范学院学生管理行为，维护学院正常的教育教学秩序和生活秩序，保障学生身心健康，培养德、智、体、美等方面全面发展的社会主义建设者和接班人，依据教育法、高等教育法、《普通高等学校学生管理规定》（教育部第41号令）以及其他有关法律、法规，制定本规定。

第二条　本规定适用于被学校依法录取、取得入学资格，具有学校学籍的受教育者。

第三条　学院以培养人才为中心，坚持社会主义办学方向，坚持马克思主义的指导地位，全面贯彻国家教育方针；坚持以立德树人为根本，以理想信念教育为核心，培育和践行社会主义核心价值观，弘扬中华优秀传统文化和革命文化、社会主义先进文化，培养学生的社会责任感、创新精神和实践能力；遵循教育规律，不断提高教育质量；学院依法治院，从严管理，健全和完善管理制度，规范管理行为，将管理与育人相结合，不断提高管理和服务水平，努力培养社会主义合格建设者和可靠接班人。

第四条 学生应当拥护中国共产党领导，努力学习马克思列宁主义、毛泽东思想、中国特色社会主义理论体系、邓小平理论和"三个代表"重要思想，深入学习习近平总书记系列重要讲话精神和治国理政新理念新思想新战略，坚定中国特色社会主义道路自信、理论自信、制度自信、文化自信，树立中国特色社会主义共同理想；应当树立爱国主义思想，具有团结统一、爱好和平、勤劳勇敢、自强不息的精神；应当遵守宪法、法律、法规，遵守公民道德规范，遵守《高等学校学生行为准则》，遵守学院管理制度，具有良好的道德品质和行为习惯；应当刻苦学习，勇于探索，积极实践，努力掌握现代科学文化知识和专业技能；应当积极锻炼身体，具有健康体魄。

第五条 实施学生管理，尊重和保护学生的合法权利，教育和引导学生承担应尽的义务与责任，鼓励和支持学生实行自我管理、自我服务、自我教育、自我监督。

第二章 学生的权利与义务

第六条 学生在校期间依法享有下列权利：

（一）公平接受学校教育，参加学校教育教学计划安排的各项活动，平等使用学校提供的教育教学资源；

（二）参加素质拓展、社会实践、志愿服务、勤工助学、文娱体育及科技文化创新等活动，获得就业创业指导和服务，但不影响学业任务的完成；

（三）按国家及学院规定的标准和程序申请奖学金、助学金及助学贷款。家庭困难的学生可以申请补助或者减免学费；

（四）在思想品德、学业成绩等方面获得科学、公正评价。思想品德合格，在规定的修业年限内完成学院规定的课程，成绩合格后获得相应的学历证书；

（五）在院内组织、参加学生团体，在法律、法规规定的范围类活动并获得院方指导和经费支持；

（六）对学院给予的处分或者处理有异议，向学院、教育行政部门提出申诉；对学院、教职工侵犯其人身权、财产权等合法权益，向学院或上级有关部门提出申诉或者依法提出诉讼；

（七）参与学院民主管理，对学院工作提出意见和建议；参与对教师的教学评价；

（八）法律、法规及学院章程规定的其他权利。

第七条 学生在校期间依法履行下列义务：

（一）遵守宪法和法律、法规；

（二）遵守学院章程和规章制度，自觉建设和维护学院"尊师、好学、自立、乐群"的学风；

（三）恪守学术道德，努力学习，完成规定学业；

（四）按规定缴纳学费及有关费用，履行获得奖学金、贷学金及助学金的相应义务；

（五）遵守学生行为规范，尊敬师长，养成良好的思想品德和行为习惯；

（六）爱护并合理使用教学设备和生活设施；

（七）珍惜学院名誉，维护学院利益；

（八）法律、法规及学院章程规定的其他义务。

第三章　学籍管理

第一节　入学与注册

第八条 学院按国家招生规定录取的新生，持录取通知书，按学院有关要求和规定的期限到院办理入学手续。因故不能按期入学者，应当向学院招生部门请假，请假须经批准方为有效。请假学生在入学报到时，应提交村委会或父母所在单位证明，请假时间一般不超过4周。未请假或者请假逾期者，除因不可抗力等正当理由以外，视为放弃入学资格。

第九条 学院应当在报到时对新生入学资格进行初步审查，审查合格的办理入学手续，予以注册学籍；审查发现新生的录取通知、考生信息等证明材料，与本人实际情况不符，或者有其他违反国家招生考试规定情形的，取消入学资格。

第十条 新生可以申请保留入学资格。保留入学资格期间不具有学籍。

新生保留入学资格期满前应向学院申请入学，经学院审查合格后，办理入学手续。审查不合格的，取消入学资格；逾期不办理入学手续且没有因不可抗力延迟等正当理由的，视为放弃入学资格。

第十一条 学生入学后，学院应当在3个月内按照国家招生规定进行复查。复查内容主要包括以下方面：

（一）录取手续及程序等是否符合国家招生规定；

（二）所获得的录取资格是否真实、符合相关规定；

（三）本人及身份证明与录取通知、考生档案等是否一致；

（四）身心健康状况是否符合报考专业或者专业类别体检要求，能否保证在校正常学习、生活；

复查中发现学生存在弄虚作假、徇私舞弊等情形的，确定为复查不合格，应当取消学籍；情节严重的，移交有关部门调查处理。

复查中发现学生身心状况不适宜在校学习，经学院指定的二级甲等以上医院诊断，需要在家休养的，可以按照第十条的规定保留入学资格。

第十二条　每学期开学时，学生应当按学院规定的日期到有关部门报到、缴费、提交相关材料、办理注册手续。不能如期注册者，应当向学籍管理部门申请，经批准后方可履行暂缓注册手续，暂缓注册时间一般不超过4周。不按学院规定缴纳学费，或者不履行缓注册手续，或者其他不符合注册条件的不予注册。

家庭经济困难的学生可以申请助学贷款或者其他形式资助，办理有关手续后注册。学院按照国家有关规定为家庭经济困难学生提供教育救助，完善学生资助体系，保证学生不因家庭经济困难而放弃学业。

第二节　考核与成绩记载

第十三条　学生应当参加学院教育教学计划规定的课程和各种教育教学环节（以上统称课程）的考核，考核成绩记入成绩册，并归入本人档案。

第十四条　课程考核分为考试和考查两种，每学期考试、考查课程按教学计划实施。考试课程成绩实行百分制，60分以上（含60分）为及格；考查课程成绩实行等级制，分优秀、良好、及格、不及格四个等级。对学生考核不合格的课程，学院给予四次补考机会：第一次为下一学期开学初，第二次为学生毕业实习前，第三次为学生毕业前，第四次为学生结业后一年之内。对于实行学分制教学管理的专业，考核不合格的课程学院给予一次补考机会，补考后仍不及格的课程学生应当重修，重修课程按物价部门核定的标准交纳重修费。

学生因特殊原因不能按时参加课程考核应当事先履行缓考手续，经批准后可以按学院规定缓考。无故或未经请假不按时参加课程考核的学生不参加该课程第一次补考。

第十五条　学生思想品德的考核、鉴定，以教育部《高等学校学生行为准则》为主要依据，按学院《学生思想品德考核办法》，采取个人小结，师生民主评议等形式评定。

学生体育课的成绩按照学院《体育课成绩评定办法》，根据考勤、课内教学、课外锻炼活动和体质健康等情况综合评定。

第二章 规章制度

第十六条 学生学年所修课程经学院考试不合格且在一学年内经第一次补考后不合格课程在4门（含4门）以上者，应当留级；对成绩较差、学习跟不上教学进度的学生，经本人申请、学院批准，可以降级。

第十七条 学生应诚实守信，对于严重违反考核纪律或者作弊的，该课程考核成绩记为无效，并由学院视其违纪或者作弊情节，给予批评教育和相应的纪律处分。给予警告、严重警告、记过及留校察看处分的，经教育表现较好者，经本人申请，学院批准，可以在毕业前对该课程给予补考或者重修机会。

第十八条 学生应当按时参加学院教学计划规定的教学活动。不能按时参加教育教学计划规定的活动，应当事先请假并获批准。未经批准而缺席者，均以旷课论处，根据学院有关规定给予批评教育，情节严重的给予相应的纪律处分。

学生旷课时间按课程表规定的上课时数计算；对以天或周安排的实践性教学活动，按每天4课时计算。对一学期内旷课累计达到10课时以上者，分别给予下列处分或处理：

（一）旷课10课时以上（含10课时），不满20课时，给予警告处分；
（二）旷课20课时以上（含20课时），不满30课时，给予严重警告处分；
（三）旷课30课时以上（含30课时），不满40课时，给予记过处分；
（四）旷课40课时以上（含40课时），不满60课时，给予留校察看处分。
（五）旷课60课时以上（含60课时），视为放弃学籍，按退学处理。

第十九条 学生参加创新创业、社会实践等活动以及发表论文、获得专利授权等与专业学习、学业要求相关的经历、成果，可以折算为学分，计入学业成绩。

学院鼓励、支持和指导学生参加社会实践、创新创业活动，建立创新创业档案、设置创新创业课程并进行考核。

第二十条 学院开展学生诚信教育，以适当方式记录学生学业、学术、品行等方面的诚信信息，建立对失信行为的约束和惩戒机制；对有严重失信行为的，给予相应的纪律处分，对违背学术诚信的，对其获得学术称号、荣誉等作出限制。

第三节 转专业与转学

第二十一条 学院建立公平、公正的标准和程序，健全公示制度。

1. 转专业的条件

新生入学后，原则上不允许转专业。但学生具备下列情形之一者，可以申请转专业：

（1）学生确有专长，对所申请转入专业具有浓厚的兴趣、志向和基础，转专业后更能发挥其专长；

（2）学院根据社会对人才需求情况的发展变化，需要适当调整专业的，允许在读学生转到其他相关专业就读。

（3）经学校确认学生有特殊困难或某种疾病，不能在原专业学习，但尚能在其他专业学习；

（4）新生入学时，因学院录取工作原因造成现专业与本人志愿不符者；

（5）休学创业或退役后复学的学生，因自身情况需要转专业的，学院可以优先考虑。

学生有下列情形之一者，不予转专业：

（1）以特殊招生形式录取的学生；

（2）国家有相关规定或者录取前与学院有明确约定的；

（3）其他专业学生转入国控专业；

（4）招生录取分数较低的专业转入高分专业。

2. 转专业的程序：

学生转专业由本人书面申请，学院批准，报省教育厅备案。具体操作程序按照《常德职业技术学院学籍管理实施细则》办理。

第二十二条 学生一般应当在本院完成学业。如患病或者确有特殊困难，无法继续在本院学习的，可以申请转学。转学一般只在学期末进行。

第二十三条 有下列情形之一者，不得转学：

（一）入学未满一学期的或者毕业前一年的；

（二）在招生时由所在地的下一批次录取学院转入上一批次录取学院、由低学历层次转为高学历层次的；

（三）招生时确定为定向、委托培养的；

（四）应予退学的；

（五）毕业学年；

（六）其他无正当理由的。

第二十四条 学生转学由学生本人提出书面申请，经本院和转入学院同意后双方出具转学函，由本院报省教育厅。省内转学的，由省教育厅确认转学理由正当，可以办理转学手续；跨省转学者，由省教育厅协商转入地省级教育行政部门，按转学条件确认后办理转学手续。须转户口的由转入地省级教育行政部门将有关文件抄送本院所在地公安部门。外校学生转入，也须提出书面申请，经本院同意后出具转学函,由转出学院按相应程序办理有关手续。

第二十五条 学院对转学情况应当及时进行公示,并在转学完成后3个月内,由转入学院报所在地省级教育行政部门备案。

第四节 休学与复学

第二十六条 学生因身体、经济等方面原因,经本人申请、学院批准后可以分阶段完成学业,但学生在校最长年限(含休学)不得超过规定学制年限3年,即:两年制不超过5年,3年制不超过6年,5年制不超过8年。

第二十七条 学院根据情况建立并实行灵活的学习制度。对休学创业的学生,可以单独规定最长学习年限,并简化休学批准程序。学生休学次数不得超过3次,每次休学期限一般为1年。

第二十八条 学生应征参加中国人民解放军(含中国人民武装警察部队),学院保留其学籍至退役后2年。

学生参加学院组织的跨校联合培养项目,在联合培养学校学习期间,学院同时为其保留学籍。学生保留学籍期间,与其实际所在的部队、学校等组织建立管理关系。

第二十九条 休学学生应当办理休学手续离院,学院保留其学籍。学生休学期间,不享受在校学习学生待遇。休学学生患病,其医疗费按国家和当地及学院规定处理。

第三十条 学生休学期满,必须于学期开学前四周内向学院提出复学申请,经学院复查合格,方可复学。

第五节 退　　学

第三十一条 学生有下列情形之一,学院应予退学处理:

(一)学业成绩在一学年内经第一次补考后不合格课程门数在6门(含6门)以上者,或超过规定学制年限3年以上(含3年,包括休学时间)未完成学业的;

(二)休学、保留学籍期满,在学院规定期限内未提出复学申请或者申请复学经复查不合格的;

(三)经学院指定医院诊断,患有疾病或者意外伤残无法继续在校学习的;

(四)未请假或请假未获学院批准离校连续两周未参加学院规定的教学活动的;

(五)学生无正当理由,未经请假、或请假未获学院批准在两周以上(含两

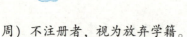

周）不注册者，视为放弃学籍。

（六）学院规定的不能完成学业、应予退学的其他情形。

第三十二条 对学生的退学处理，由院长办公会议研究决定。对退学的学生，由学院出具退学决定书并送交本人，同时报省教育厅备案。

第三十三条 退学学生，应当按学院规定期限办理退学手续离校。在学院规定期限内没有聘用单位的，应当办理退学手续离校，档案、户口退回家庭户籍所在地。

第六节　毕业、结业与肄业

第三十四条 学生在学院规定年限内，修完教育教学计划规定内容，德、智、体考核合格，准予毕业，并在学生离校前发给毕业证书。

第三十五条 学生在学院规定年限内，修完教育教学计划规定内容，未达到毕业要求，准予结业，由学院发给结业证书。学生结业后可以通过重修、补考、自学等方式继续完成学业；一年内经本人申请、学院批准，可以参加补考，或补毕业设计（论文）、答辩；全部课程考核合格后可颁发毕业证书，其毕业时间按实际发证日期填写。经补考，或补毕业设计（论文）、答辩仍不合格者，不再颁发毕业证书。

第三十六条 学满一学年以上退学的学生，学院颁发肄业证书或者写实性学习证明。

第三十七条 学院严格按照招生时确定的办学类型和学习形式，以及学生招生录取时填报的个人信息，填写、颁发学历证书。学生在校期间变更姓名、出生日期等证书需填写的个人信息的，应当有合理、充分的理由，并提供有法定效力的相应证明文件。

第三十八条 学院执行高等教育学历证书电子注册管理制度，每年将颁发的毕（结）业证书信息报省教育厅注册，并由省教育厅报国务院教育行政部门备案。

第三十九条 对完成本专业学业同时辅修其他专业并达到该专业辅修要求者，由学院发给辅修专业证书。

第四十条 对违反国家招生规定入学资格或者学籍的，学院当予取消其学籍，不得发给学历证书；已发的学历证书，学院应当依法撤销并报省教育厅宣布证书无效。

第四十一条 毕业、结业、肄业证书遗失或者损坏，经本人申请，学院核实后出具相应的证明书。证明书与原证书具有同等效力。

第四章 校园秩序与课外活动

第四十二条 学院维护校园正常秩序，保障学院环境安全、稳定，保障学生的正常学习和生活。

第四十三条 学院通过成立学生宿舍管理委员会、学生伙食管理委员会，通过受理学生代表提案、定期召开学生座谈会、建立院长信箱、院长接待日、院务公开等方式，支持和保障学生依法参与学院民主管理。

第四十四条 学生应当自觉遵守公民道德规范，自觉遵守学院管理制度，创造和维护文明、整洁、优美、安全的学习和生活环境，树立安全风险防范和自我保护意识，保障自身合法权益。

第四十五条 学生不得有酗酒、打架斗殴、赌博、吸毒、传播、复制、贩卖非法书刊和音像制品等违反治安管理规定的行为；不得参与非法传销和进行邪教、封建迷信活动；不得从事或者参与有损大学生形象、有损学院声誉、有损社会公德的活动。

第四十六条 学院坚持教育与宗教相分离原则。任何组织和个人不得在学校进行宗教活动；

第四十七条 学院建立健全学生代表大会制度，支持学生会工作，学生可以按照学院《常德职业技术学院学生团体管理暂行办法》在院内组织、参加学生团体。学生成立团体，应当按学院《学生团体管理办法》提出书面申请，报学院批准。学生团体应当在宪法、法律、法规和学院管理制度范围内活动，接受学院的领导和管理。学生团体邀请院外组织、人员到学院举办讲座等活动，需经学院组宣部批准。

第四十八条 学院提倡并支持学生及学生团体开展有益于身心健康、成长成才的学术、科技、艺术、文娱、体育等活动。

学生进行课外活动不得影响学院正常的教育教学秩序和生活秩序。

第四十九条 学院鼓励、支持和指导学生参加社会实践、社会服务和开展勤工助学活动，并根据实际情况给予必要帮助。

学生参加勤工助学活动，应当遵守法律、法规以及学院、用工单位的管理制度，遵守学院《学生勤工助学管理规定》，履行勤工助学活动的有关协议。

第五十条 学生举行大型集会、游行、示威等活动，应当按法律程序和有关规定获得批准。对未获批准的，学院依法劝阻或者制止。

第五十一条 学生应当遵循国家和学院关于网络使用的有关规定，不得登录非法网站和传播非法文字、音频、视频资料等，不得编造或者传播虚假、有害信息；不得攻击、侵入他人计算机和移动通信网络系统。

第五十二条 学生应当遵守学院《学生宿舍管理规定》，学生住宿由学院统一管理，不准在校外租住，确因特殊情况需要走读的必须按照学院规定办理相关手续。鼓励和支持学生通过制定公约，实施自我管理。

第五章 奖励与处分

第五十三条 学院依据《学生奖惩条例》，对在德、智、体、美等方面全面发展或者在思想品德、学业成绩、科技创造、体育竞赛、文艺活动、志愿服务及社会实践等方面表现突出的学生，给予表彰和奖励，也可推荐参加有关部门或上一级组织的表彰和奖励。

第五十四条 对学生的表彰和奖励可以采取授予"三好学生"称号或者其他荣誉称号、颁发奖学金等多种形式，给予相应的精神鼓励或者物质奖励。

第五十五条 学院对有违法、违规、违纪行为的学生，给予批评教育，并根据学生的违法、违规、违纪行为的性质和过错的严重程度，按学院《学生违法、违规、违纪处分条例》，给予相应的纪律处分。

第五十六条 纪律处分的种类分为：

（一）警告；

（二）严重警告；

（三）记过；

（四）留校察看；

（五）开除学籍。

第五十七条 学生有下列情形之一，学院可以给予开除学籍处分：

（一）违反宪法，反对四项基本原则、破坏安定团结、扰乱社会秩序的；

（二）触犯国家法律，构成刑事犯罪的；

（三）受到治安管理处罚，情节严重、性质恶劣的；

（四）代替他人或让他人代替自己参加考试，组织作弊，使用通信设备作弊、向他人出售考试试题或答案牟取利益，以及其他严重作弊或扰乱考试秩序行为的；

（五）公开发表的研究成果存在抄袭、篡改、伪造等学术不端行为，情节严重的，或者代写论文、买卖论文的；

（六）违反学院规定，严重影响学院教育教学秩序、生活秩序以及公共场所管理秩序，侵害其他个人、组织合法权益，造成严重后果的；

（七）屡次违反学院规定受到纪律处分，经教育不改的。

第五十八条 学院对学生的处分，应当做到程序正当、证据充分、依据明确、定性准确、处分适当。学生享有陈述和申辩的权利，学院听取学生的陈述和申辩。

第五十九条 学院在作出处分决定前书面通知学生或其代理人，学生或其代理人需要陈述和申辩的，可在五个工作日内递交书面申请，学院根据申请确定听取陈述和申辩的时间、地点和参加人员，并通知学生本人或其代理人。

第六十条 对学生作出取消入学资格、取消学籍、退学、开除学籍或者其他涉及学生重大利益的处理或者处分决定的，应提交院长办公会或者院长授权的专门会议研究决定，并事先进行合法性审查。

第六十一条 学院对学生作出处分，应当出具处分决定书，送交本人签收并寄发家长或法定监护人。开除学籍的处分决定书上报省教育厅备案。

第六十二条 学院对学生作出的处分决定书应当包括处分和处分事实、理由及依据，并告知学生可以提出申诉及申诉的期限。

第六十三条 除开除学籍处分以外，给予学生处分一般设置6到12个月期限，到期按学院规定程序予以解除。解除处分后，学生获得表彰、奖励及其他权益，不再受原处分的影响。

第六十四条 被开除学籍的学生，由学院发给学习证明。学生按学院规定期限离校，档案、户口退回其家庭户籍所在地。

第六十五条 对学生的奖励、处理、处分及解除处分材料，学院应真实完整地归入学校文书档案和本人档案。

第六章　学生申诉

第六十六条 学院成立学生申诉处理委员会，负责受理学生对处理或者处分决定不服提起的申诉。

学生申诉处理委员会由学院相关负责1人、职能部门负责3人、教师代表3人、学生代表3人以及负责法律事务人员等组成。

第六十七条 学生对处分决定有异议的，在接到学院处分决定书之日起10个工作日内，可以向学院学生申诉处理委员会提出书面申诉，学院学生申诉处理委员会办公室设在学院法制办。学生如因不可抗力因素，确实不能在10个工作日内提出书面申诉，应在不可抗力因素消除后说明理由并提供相关证明资料，经学生申诉处理委员会核查属实的，可顺延申诉时限。

第六十八条 学生申诉处理委员会对学生提出的申诉进行复查，并在接到书面申诉之日起15个工作日内，作出复查结论并告知申诉人。需要改变原处分决定的,由学生申诉处理委员会提交学院重新研究决定。省级教育行政部门在接到学生书面申诉之日起 30 个工作日内,对申诉人的问题给予处理并作出决定。

第六十九条 学生对复查决定有异议的,在接到学院复查决定书之日起 15 个工作日内,可以向省教育厅提出书面申诉。处理、处分或者复查决定书未告知学生申诉期限的,申诉期限自学生知道或者应当知道处理或者处分决定之日起计算,但最长不得超过 6 个月。

第七十条 从处分决定或者复查决定送交之日起,学生在申诉期内未提出申诉的,学院或省教育厅不再受理其提出的申诉。

第七章 附 则

第七十一条 对接受成人学历教育的学生的管理参照本规定实施。

第七十二条 本规定自 2017 年 9 月 1 日起施行。学院其他有关文件规定与本规定不一致的,以本规定为准。

三、常德职业技术学院学籍管理实施细则

常德职业技术学院学籍管理实施细则

常职院发〔2016〕1 号

第一章 总 则

第一条 根据教育部《普通高等学校学生管理规定》(教育部令第 21 号)、《教育部关于印发〈普通高等学校新生学籍电子注册暂行办法〉的通知》(教学〔2007〕3 号)、《教育部办公厅关于进一步做好高校学生参军入伍工作的通知》(教学厅〔2015〕3 号);省教育厅《关于做好全省高职院校新生学籍电子注册工作的通知》(湘教通〔2007〕225 号)、《关于加强高等职业院校教育教学管理的若干意见》的通知(湘教发〔2013〕17 号)、《省教育厅〈转发教育部办公厅关于进一步规范普通高等学校转学工作的通知〉》(湘教通〔2015〕294 号)等文件精神和《常德职业技术学院章程》,为加强我院普通高等教育学籍管理工作,维护国家学籍学历电子注册制度,保证高等教育的质量和规格,结合我院实际,特制定本细则。

第二条 学院招生办公室负责普通高等教育学籍管理的全面工作。

第二章　入学与注册

第三条　按国家招生规定录取的新生，持录取通知书，按学院有关要求和规定的期限到校办理入学手续。因故不能按期入学者，应当向学院请假。未请假或者请假逾期者，除因不可抗力等正当事由以外，视为放弃入学资格。

第四条　新生入学后，学院在三个月内按照国家招生规定对其进行复查。复查合格者予以注册，取得学籍。复查不合格者，由学院区别情况，予以处理，直至取消入学资格。

凡属弄虚作假、徇私舞弊取得学籍者，一经查实，学院将取消其学籍。情节恶劣的，报请有关部门查究。

第五条　对患有疾病的新生，经学院指定的二级甲等以上医院（下同）诊断不宜在校学习但经短期治疗后可达到标准的，由学院批准，准予其保留入学资格一年。应征入伍普通高等学校录取新生办理保留入学资格手续后，可由学院批准保留入学资格至退出现役后2年。

保留入学资格者不具有学籍。因病保留入学资格的学生，应立即回家治疗，在学校批准之日起的十个工作日内办理相关手续离校。未按期办理离校手续或不离校者，不再保留入学资格。应征入伍普通高等学校录取新生应提前与学校取得联系，并于入伍后一个月内办理保留入学资格手续。

患有疾病的新生在保留入学资格期内经治疗康复，可以向学院申请入学，由学院指定医院诊断，符合体检要求，经学院复查合格后，重新办理入学手续。复查不合格或者逾期不办理入学手续者，取消入学资格。保留入学资格应征入伍新生在退役后2年内，可以在退役当年或者第2年我院新生入学期间，持《保留入学资格通知书》，到我院办理报到入学手续。保留入学资格应征入伍新生重新报名参加高考的视为自动放弃原入学机会，入学资格不再保留。

第六条　每学年开学时，学生应当按学院规定办理注册手续。因故不能按期注册者，应办理请假，经学院同意后可履行暂缓注册手续。未请假或者请假未准逾期十个工作日不注册者，视为放弃学籍，按自动退学处理。未按学院规定缴纳学费或者其他不符合注册条件的不予注册。

家庭经济困难的学生可以申请贷款或者其他形式的资助，办理有关手续后注册。

第七条　未注册的学生不享有在校学生的待遇。

第三章 转专业与转学

第八条 学生按入学年级和专业编班,称自然班。学生按入学年级、专业、自然班取得学号。不论何种原因,学号均不变更。

第九条 学生一般应在被录取的学校和专业完成学业,原则上不允许转学或转专业。

第十条 学生有符合以下特殊情况者,可申请转专业。受理时间为每年六月和十二月的第一周,学生转专业由学院批准并报经省教育厅备案。

(一) 入学后发现某种疾病或生理缺陷,经学院附属医院或学院指定的医院检查证明确实不能在原专业学习,但尚能在其他专业学习的。

(二) 确有专长和相关成果,转专业更能发挥其专长的。

(三) 确有特殊困难或非本人原因,不转专业则无法继续学习的。同期申请转专业学生总人数不得超过转出专业本年级在校生的1%,如超出1%,根据专业总成绩排名确定转专业学生。

第十一条 学院根据社会对人才需求情况的发展变化和学院开设专业的实际,经学生同意,可以适当调整学生所学专业。

(一) 学院根据社会对人才需求情况的发展变化,经学生同意,必要时可以适当调整学生所学专业。

(二) 学院根据新生报到情况,对不足以开班的专业,经学生同意,可以适当调整学生所学专业。

第十二条 学生有下列情况之一者,不予转专业:

(一) 提前批录取专业不得转入非提前批录取专业,且仅限同大类间转专业。

(二) 降(低)分录取专业转入非降(高)分录取专业的。

(三) 单独招生专业转入非单独招生专业的。

(四) 二次转专业的。

(五) 不同学习层次、学制和形式之间转专业的。

(六) 一般专业转国控专业的。

(七) 经对口升学考试的学生转入其他专业大类的。

(八) 三年全日制高职学生,二年级第2学期后(含第2学期);五年全日制高职学生,四年级第2学期后(含第2学期)。

第十三条 学生符合以下特殊情况者,可申请转学。受理时间为每年一月和七月的第一周。

（一）入学后发现某种疾病或生理缺陷，经转出学校、拟转入学校指定医院检查证明［学生须提供学校指定医院的检查和诊断证明以及之前的相关治疗证明、学校日常管理（如因病请假、申请休学等）等证明材料］，不能在原校学习，但尚能在拟转入学校学习的。

（二）经学院认定，确有特殊困难（家庭有特殊情况）［学生须提供父母单位证明、家庭所在社区（街道、居委会）证明及其他相关支撑材料］，需学生本人就近照顾、不转学无法继续学习的。

（三）因个别专业新生报到人数不足，无法正常开班，导致被录取学生不能在原录取专业学习，经学校调解，学生仍不愿变更专业的。

申请转学的学生高考分数应达到拟转入学校相关专业在生源地相应年份的高考录取分数。

第十四条 学生有下列情形之一，不得转学：

（一）入学未满一学期的。

（二）高考分数低于拟转入学校相关专业相应年份录取分数的。

（三）由低学历层次转为高学历层次的。

（四）通过定向就业、艺术类、体育类、高水平艺术团、高水平运动队等特殊招生形式录取的。

（五）未通过普通高等学校招生全国统一考试或未使用高考成绩录取入学的（含单独考试招生、专升本、五年一贯制、三二分段制等）。

（六）拟转入学校与转出学校在同一城市的。

（七）跨学科门类的。

（八）应予退学的。

（九）其他无正当理由的。

第十五条 转学由学生提出申请，说明理由，转出学校同意；拟转入学校要严格审核转学条件及相关证明，符合本校培养要求且学校有教学能力的，经招生委员会或招生监督部门同意，院、系两级会议集体研究决定，将转入学生名单、表决情况如实记入会议纪要，由院长签署接收函。转学学生的相关手续和证明材料应一式四份，除学院留存外，同时报拟转入和转出学校所在地省级教育行政部门备案。

第四章　信息变更

第十六条 学生在校学习期间，身份证信息发生变更，在提供户口所在地派出所出具的有效证明的前提下，可以向学院学籍管理部门提出学籍信息变更申请，由学院学籍管理部门向上级教育行政部门申请批准后，予以异动。学生毕业后不得变更学籍及毕业证信息。

第五章　休学与复学

第十七条　学生可以分阶段完成学业。学生在校最长年限不得超过五年（五年制高职学生在校最长年限不得超过七年）。

第十八条　学生申请休学或者学院认为应当休学者，由学院批准，可以休学。学生休学一般以一年为期，休学次数累计不得超过两次，休学时间累计不得超过2年。受理申请时间一般为每学期第一周。

第十九条　学生应征参加中国人民解放军（含中国人民武装警察部队），学院保留其学籍至退役后两年。

第二十条　休学申请及相关材料由学生提交教学系，经教学系签署意见后，由招生办会同有关部门批准。获准休学的学生，应于学校批准之日起的十个工作日内，办理相关手续并离校。休学期间修读的课程，学校不予承认。

第二十一条　休学学生的有关问题，按照下列规定办理：

（一）休学学生必须办理休学手续离校，学校予以保留学籍。休学学生的户口不变更，不享受奖学金、助学贷款、助学金。往返路费自理。

（二）因病休学的学生，应回家疗养，其医疗费按学校规定处理。

（三）对休学期间发生的事故学校不承担任何责任。学生休学期间，不得来校上课。

（四）学生在休学期间，如要报考其他学校，须先办理退学手续。

第二十二条　休学期满，学生要求复学需按下列要求办理：

（一）休学期满者，应于学期开学后第一周内向所在教学系提交"复学申请"或"继续休学申请"以及相关材料，经教学系签署意见后，由招生办会同有关部门批准，方可复学或继续休学。

（二）因病休学的学生，申请复学时必须提供二级甲等以上医院诊断，证明恢复健康，并经校医院复查合格者，方可复学。

（三）休学期间，如有违法乱纪行为者，依据《常德职业技术学院学生违纪处理规定》处理。

（四）复学的学生，依其修读课程情况编入原专业相应年级学习。

第六章　退　学

第二十三条　学生有下列情形之一，应予退学：

（一）学业成绩六门（含六门）以上不及格或者在学院规定年限内（含休学）未完成学业的。

（二）降级一年后，原不及格课程累计数为三门（含三门）以上的。

（三）降级后，第二次累计不及格课程达四门（含四门）以上的。

（四）休学（保留学籍）期满，在学院规定期限内未提出复学申请或者申请复学经复查不合格的。

（五）经学院指定医院诊断，患有疾病或者意外伤残无法继续在校学习的。

（六）未请假或请假未准离校连续十个工作日未参加学院规定的教学活动的。

（七）逾期十个工作日不注册（不可抗力原因除外）的。

（八）本人申请退学的。

（九）被开除学籍的。

按条款处理的学生，学生所在教学系为其办理退学手续。

第二十四条 对学生的退学处理：

（一）本人申请并办理退学手续的，由学院招生办在校园网上予以异动并报所在地省级教育行政部门备案。

（二）未办理退学手续退学的学生，由院长办公会议研究决定，学院出具退学决定书并送交本人，无法送交的在校园或校园网上公告，同时报学院所在地省级教育行政部门备案。

第二十五条 退学的学生，按学院规定期限办理退学手续离校，档案、户口退回其家庭户籍所在地。学校发给其学习证明和肄业证书（在校学习至少满一年）。取消学籍、已退学的学生不得以任何形式申请复学。

第七章 毕业、结业与肄业

第二十六条 具有学籍的学生，在学院规定年限内，修完学院人才培养方案规定内容，德、智、体达到毕业要求〔学生实习期间参军，其参军经历等同实习经历（医药卫生类专业学生参军期间须从事相同或相近专业）〕，准予毕业，由学院发给毕业证书。

第二十七条 具有学籍的学生，在学院规定年限内，修完教育教学计划规定内容，未达到毕业要求，准予结业，由学院发给结业证书。结业后经补考合格的学生，可以颁发毕业证书，颁发的毕业证书，毕业时间按发证日期填写。

第二十八条 学满一学年以上退学的学生，学院应当颁发肄业证书。

第二十九条　学院应当严格按照招生时确定的办学类型和学习形式，填写、颁发学历证书。

第三十条　学院应当执行高等教育学历证书电子注册管理制度，每年将颁发的毕（结）业证书信息报所在地省级教育行政部门注册，并由省级教育行政部门报国务院教育行政部门备案。

第三十一条　对完成本专业学业同时辅修其他专业并达到该专业辅修要求者，由学院发给辅修专业证书。

第三十二条　对违反国家招生规定入学者，学院不发给学历证书。已发的学历证书，学院将予以追回并报教育行政部门宣布证书无效。

第三十三条　毕业、结业和肄业证书遗失或者损坏，经本人申请，学院核实后应当出具相应的证明书。证明书与原证书具有同等效力。

第八章　附　则

第三十四条　教学单位严格按照本细则规范学籍管理行为，落实规章制度，其工作成效纳入学院年度考核。

第三十五条　本细则适用于按照国家招生规定录取接受专科教育的学生。

第三十六条　学生对学校给予其本人取消入学资格、退学处理或者开除学籍等纪律处分决定有异议的，可以依照《常德职业技术学院学生管理规定》相关条款向学校学生申诉处理委员会提出申诉。

第三十七条　学生学籍异动和信息异动流程参照附件执行。

第三十八条　本细则为中专学生学籍管理的参照执行文件。

第三十九条　本细则经常德职业技术学院党委会议讨论通过，自公布之日起施行。原有学籍管理规定同时废止。

附件 1. 常德职业技术学院学生信息异动申请流程图
　　 2. 常德职业技术学院在校学生变更专业流程
　　 3. 湖南省普通高等学校在校学生转学流程
　　 4. 常德职业技术学院学生休学申请流程
　　 5. 常德职业技术学院学生复学申请流程
　　 6. 常德职业技术学院学生退学办理流程
　　 7. 常德职业技术学院学生自动退学办理流程
　　 8. 常德职业技术学院学生应征入伍保留学籍流程

第二章 规章制度

附件 1

常德职业技术学院
学生信息异动申请流程图

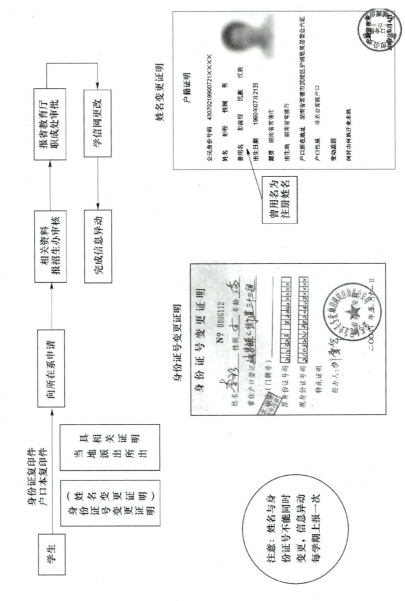

常德职业技术学院在校学生变更专业流程

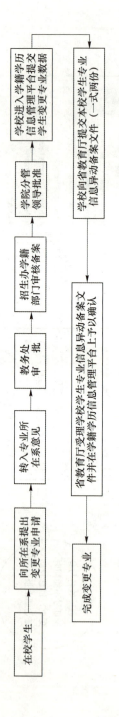

在校学生 → 向所在系提出变更专业申请 → 转入专业所在系意见 → 招生办学籍部门审核备案 → 教务处审批 → 学院分管领导批准 → 学校进入学籍学历信息管理平台提交学生变更专业数据 → 完成变更专业

省教育厅受理学校学生专业信息异动备案文件在学籍学历信息管理平台上予以确认 → 学校向省教育厅提交本校学生专业信息异动备案文件（一式两份）

（一）可予变更专业的条件

1. 入学后发现某种疾病或生理缺陷，经学院附属医院或学院指定的医院检查证明确实不能在原专业学习，但尚能在其他专业学习的；
2. 确有专长和相关成果，转有特殊困难非本人原因，转专业更能发挥其专长；
3. 确有特殊困难非本人原因，不转专业则无法继续学习；
4. 学院根据社会对人才需求发展变化，经学生同意，必要时可以适当调整学生所学专业；
5. 学院根据新生报到情况，对不足以开班的专业，经学生同意，可以适当调整学生所学专业。

（二）不予变更专业的条件

1. 提前批录取的专业不得转入非提前批录取专业，且仅限同大类间转专业；
2. 降分录取的学生转入非降分录取专业的；
3. 处于毕业学年的；
4. 二次转专业的；
5. 不同学习层次、学制和形式之间转专业的；
6. 一般专业转国控专业（医学类）未经省级以上主管部门批准的；
7. 经对口升学考试录入的学生转入其他专业大类的；
8. 三年全日制高职学生，二年级第2学期后（含第2学期）；五年全日制高职学生，四年级第2学期后（含第2学期）。

录取新生不得变更专业，学生申请转专业受理时间为每年六月和十二月的第一周。

附件2

附件3

湖南省普通高等学校在校学生转学流程

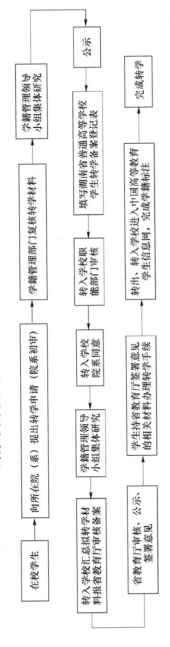

(一)可予转学的条件：1.入学后发现某种疾病或生理缺陷的相关治疗证明，学校日常管理（如因病请假、家庭有特殊困难）等相关证明，确有特殊困顾，不予照顾，学生本人就近调解，学生仍不愿变更专业的。
*申请转学的学生高考分数应达到拟转入学校相关专业在生源地相应年份的高考录取分数

(二)不予转学的条件：1.入学未满一学期的；2.高考分数低于拟转入学校相关专业相应年份录取分数的；3.由低学历层次转为高学历层次的；4.通过定向就业、艺术类、体育类（含保送生、单独考试招生、高水平运动队等特殊招生形式录取的；5.未通过普通高等学校招生全国统一考试或未使用高考成绩录取在同一城市的；7.跨学科门类的；8.应予退学的；9.其他无正当理由的。专升本，五年一贯制，三二分段制等)；6.拟转入学校相关专业录取要求不同的。

转学材料：1.申请转学学生本人新生录取名册复印件（加盖学校招生部门公章）；2.证明申请转学学生高考分数达到拟转入学校相关专业在生源地相应年份的高考录取分数证明（加盖学校招生部门公章）；3.因病转学须提供学校指定医院的检查和诊断证明；4.因特殊困难需要求转学的，须提供相关证明材料（如因病请假、学校日常管理、申请休学等）等证明材料（街道、居委会）证明及其他相关支撑材料（盖章）；5.转出学校成绩库打印的成绩单（所有转出学校教务部门公章）；6.经转出学校提供的学生在校现实表现证明（盖转出学校学生工作管理部门公章）。

学生转学申请受理时间为每年一月和七月的第一周

附件 4

常德职业技术学院学生休学申请流程

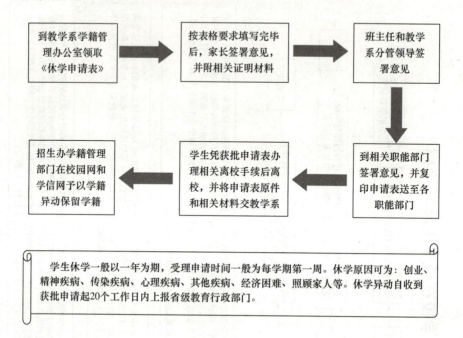

附件 5

常德职业技术学院学生复学申请流程

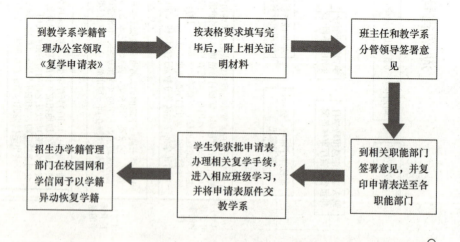

附件 6

常德职业技术学院学生退学办理流程

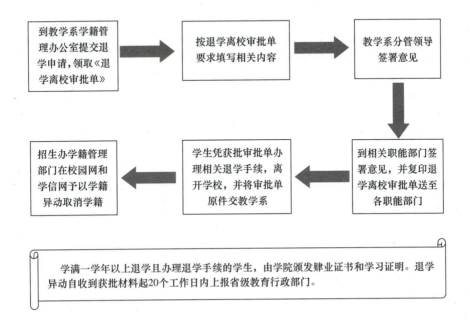

学满一学年以上退学且办理退学手续的学生，由学院颁发肄业证书和学习证明。退学异动自收到获批材料起20个工作日内上报省级教育行政部门。

附件 7

常德职业技术学院学生自动退学办理流程

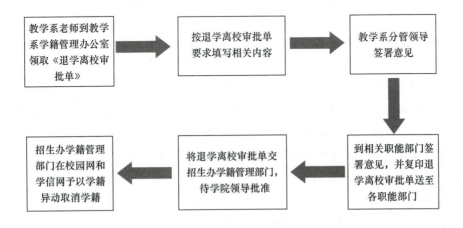

自动退学处理的学生，学院不发给肄业证明书和退学证明及成绩单。自动退学的审批，由教学系老师代为办理（因学生不到校也不办理任何手续），自确定为退学行为起10个工作日内上报招生办。退学异动自收到获批材料起20个工作日内上报省级教育行政部门。

附件8

常德职业技术学院学生应征入伍保留学籍流程

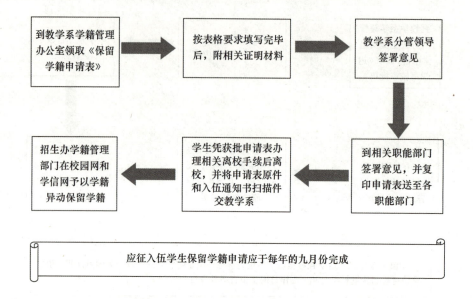

应征入伍学生保留学籍申请应于每年的九月份完成

四、常德职业技术学院学生思想品德考核办法

常德职业技术学院学生思想品德考核办法

第一条 为加强学生管理，树立良好校风，全面提高学生素质，特制定本条例。本条例对学生在校日常行为表现、思想道德素质和专业学习实行量化记录，用累积分数评价学生的德、智、体综合素质状况。

第二条 学生一经入校注册，即予建立个人考核电子账户，并记入素质基本分100分作为底分。按照本条例细则经日常考核后给予加分或减分，其结果作为学生在校综合素质评价和毕业及推荐工作操行评定的重要依据。

第三条 奖分细则

（一）在校期间连续30天无扣分记录的，奖2分。

（二）向校方举报违规违纪的人和事，经核实的奖2～5分。

（三）报告或制止恶性事件发生的奖5～10分。

（四）团结友爱、乐于助人受到学生处通报表扬的奖1分。

（五）公益劳动、内务整理、个人卫生和环境保护方面受到学生处通报表扬的每次奖1分。

（六）拾金不昧、拾物不昧的，按价值多少奖1~10分。

（七）参加省、市各项竞赛活动取得名次的，奖5~10分。

（八）参加学校组织的各种竞赛活动或社会活动取得名次的，按照组委会事先公布的活动通知所确定的标准奖分。

（九）参加社会实践，评选获优秀的奖5~10分。

（十）期末考试成绩总分取得班级前六名的分别奖5、4.5、4、3.5、3、2.5分。

（十一）被评为省级、市级、院级优秀学生、优秀学生干部的分别奖15、10、5分。

（十二）获得国家、省级奖学金的学生奖20~30分，院级奖学金获得者奖10~20分。

（十三）其他奖分按学校有关文件规定执行。

第四条 扣分细则

（一）不按作息时间规定起床或就寝的扣1分。

（二）熄灯后讲小话、吃东西、打电话、干扰他人休息的扣1分。

（三）在他人床位就寝扣1分，擅留他人住宿扣5分。

（四）在教室或寝室喧闹、起哄、骂人、说粗痞话扣1分。

（五）在寝室或教室就餐的扣3分。

（六）未经管理人员批准，男、女生互串寝室扣3分。

（七）在寝室点蜡烛、生火，扣3分；乱拉电源扣5分。

（八）向窗外、楼下泼水、扔物扣5分。

（九）床上不整洁、生活用品不按规定摆放扣1分。

（十）不折衣叠被扣2分，折叠不整齐扣0.5分。

（十一）迟到或早退每次扣0.5分；旷课每节扣1分。

（十二）乱扔、乱画、乱踏、随地吐痰扣2分。

（十三）损坏公物扣2~10分。

（十四）染色发、文身、戴各种首饰或饰物，男生留长发、烫发、蓄胡须，女生画眉、文眉、涂口红及指甲等，每项次扣1分。

（十五）公共场所穿拖鞋、赤膊、穿裸露服装以及着装有失文明的扣1分。

（十六）不佩戴校牌或互借互换佩戴扣1分。

（十七）不守排队秩序乱插队扣1分。

（十八）在阅览室不保持安静扣2分，书刊不放归原处扣2分，有人为损毁扣3分，擅自拿出阅览室按偷窃论处并扣5~10分。

（十九）缺交作业一次扣0.5分，课堂上被老师点名批评不守纪律扣1分。

（二十）上课（上自习）打手机或接电话、玩手机扣1分。

（二十一）旷考或交白卷扣5分。

（二十二）参与打架斗殴扣5~15分，组织者或持械者扣15~40分，造成严重后果扣30~50分。

（二十三）酗酒者扣1分，中专生吸烟或大专生在禁烟区（教室、图书馆、实验室、食堂、走廊等公共场所）吸烟者扣1分。

（二十四）偷窃他人钱物视情形扣5~20分。

（二十五）赌博者扣5~15分。

（二十六）违反封闭管理者扣2分，攀爬围墙者一次扣5分。

（二十七）敲诈勒索者扣10~30分。

（二十八）进入营业性舞厅、录像厅、电子游戏厅，在校外上网扣1分。

（二十九）不服从管理者扣2~5分。

（三十）学校其他纪律和制度规定要扣分的。

（三十一）违反《治安管理条例》和触犯刑法的按学院相关规定处罚。

第五条 对于学生的操行评分考核，由辅导员或班主任实施，考核情况每周计入学生电子账户，并予以公布。系部对其实施过程进行监督考核。

学校所有教职员工和学校委托授权的学生干部均可向每位学生所在系部和辅导员提出对其奖扣分的建议，扣分必须填写扣分通知单。学生有异议的可以向学生处或系部申述复议一次。奖分在1分以上的须经系部审定。奖分在5分以上的须经学生处审定。

第六条 考核累计低于80分不能评优评先，低于70分给予警告处分，低于60分给予严重警告处分，低于50分给予记过处分，低于40分给予留校察看处分，对表现极差且符合《常德职业技术学院学生管理规定》开除学籍处分条件的给予开除学籍。

第七条 毕业时低于60分不予推荐工作。

第八条 本条例的解释权属学生处。自文件正式公布之日起实行。

五、常德职业技术学院学生团体管理办法

常德职业技术学院学生团体管理办法

第一章 总　　则

第一条 为了进一步规范我院学生团体的管理，推动团体的健康发展，繁

荣校园文化，加强我院学生素质教育工作，促进校园精神文明建设，依照共青团常德市委员会、常德市教育局的有关规定，特制定本办法。

第二条 本办法所称我院学生团体，是指我院学生自愿组成，为实现成员共同意愿，按照其章程开展活动的学生组织。

第三条 我院学生团体必须遵守宪法、法律、法规和国家政策，以及共青团常德市委员会、常德市教育局和我院的有关规定。

第四条 我院学生团体的基本任务：

（一）遵循和贯彻党的教育方针，促进我院学生德智体全面发展，提高学生综合素质。

（二）开展健康有益、丰富多彩的课外活动，服务和凝聚我院学生。

（三）发挥共青团基层组织建设的载体作用，开展内容丰富、形式灵活的团组织生活。

第五条 我院学生团体受院团委的领导。院团委社团部承担我院学生团体的日常管理工作。院团委专门成立院学生团体管理委员会（简称"团管会"），对我院学生团体进行的日常工作进行统筹协调管理。

第六条 我院学生团体的活动经费主要通过团体会费缴纳、接受奖励或赠与等其他方式获得，经费由团体自主管理，但其财务活动必须遵守院团委财务制度，并接受院团委的检查。

第七条 我院学生团体成立，应当经院团委审查同意、批准，并依照本办法的规定进行登记，报共青团常德市委员会和常德市教育局备案。

第八条 我院学生团体成员应当是我院中具有正式学籍的大、中专学生。

第二章　学生团体的成立

第九条 我院学生团体登记成立时，均需按照学生团体的理论学习、学术科技、文学艺术、社会科学、志愿服务、体育健身等类别进行申请。一个团体只能进行一类申请登记。

第十条 学院学生团体的登记管理机关为院团委，院团委在必要的情况下，委托院团委指导下的团管会进行团体成立、变更、注销登记。

第十一条 在我院成立学生团体，应当具备下列条件：

（一）有10名以上的学生联合发起，发起人必须具有开展该团体活动所必备的基本素质，且未受过校纪校规处分。

（二）有规范的名称和相应的组织机构。

（三）有相对固定的活动场所。

（四）有至少一名团体指导教师。

（五）有规范的章程。

（六）学生团体的名称应当符合法律、法规的规定，不得违背校园文明风尚。学生团体名称应当与其性质相符，准确反映其特征。

第十二条 申请筹备成立高校学生团体，发起人应当向团管会提交下列文件：

（一）筹备申请书。

（二）章程草案。

（三）发起人和拟任负责人的基本情况介绍、学生证。

（四）指导教师基本情况、身份证明。

第十三条 学生团体章程应当包括下列事项：

（一）名称、活动场所。

（二）宗旨、活动范围和活动方式。

（三）学生团体类别。

（四）团体成员资格及其权利、义务。

（五）组织管理制度、执行机构的产生程序及权限。

（六）财务管理、经费使用的原则。

（七）负责人的条件、权限和产生、罢免的程序。

（八）章程的修改程序。

（九）团体的终止程序。

（十）应当由章程规定的其他事项。

第十四条 院团管会应当自收到本办法第十二条所列全部有效文件之日起30日内，作出批准或者不批准筹备的决定。批准筹备成立的学生团体，应当自批准筹备之日起60天内召开会员大会，通过章程，产生执行机构、负责人。筹备期间不得以学生团体的名义收取会费和组织团体筹备以外的活动。

第十五条 从批准筹备之日起的60天内，院团体联应当作出批准或不批准成立的决定。其间院团体联有权对其批准筹备的团体进行考察，被批准成立的学生团体应尽快以公告或其他方式宣布成立。

第十六条 团体筹备期间，院团管会对其具体考察内容如下：

（一）批准筹备成立的学生团体，应当自批准筹备之日起60天召开会员大会，会议上通过团体章程，产生团体执行机构，产生团体负责人。团管会至少派出一名以上副主任以上干部出席会议，并作好详细会议记录。

（二）团体筹备期间是否以团体名义收取费用。

（三）团体筹备期间是否以团体名义组织团体筹备以外的活动。

第十七条 以下情况不得批准团体成立：

（一）团体宗旨、活动内容、范围不符合本条例第三条规定的。

（二）院内已经有性质相同或相近的学生团体，没有必要成立的。

（三）发起人受过校纪校规处分的。

（四）在申请筹备成立时弄虚作假的。

（五）团体财务制度不健全的。

（六）团体执行机构混乱的。

（七）批准成立期限届满，筹备团体的人数未超过30人的。

（八）其他于考察期间发现不适于批准团体成立的情况。

第三章　学生团体的监督管理

第十八条 院团管会负责下列监督管理工作：

（一）负责学生团体的成立、变更、注销的登记和备案。

（二）对学生团体实施年度检查。

（三）对学生团体聘请校内外专家担任顾问的申请进行审查批准。

（四）对学生团体违反本条例的问题进行监督检查和处理。

第十九条 学生团体的经费必须用于章程规定的活动，任何人不得侵占、私分或挪用学生团体的财产，亦不得在团体成员中分配。学生团体接受捐赠、资助，必须向院团管会报告接受、使用捐赠、资助的有关情况，并向全体团体成员公开。

第二十条 学生团体必须遵守院团委的财务管理制度，接受院团委或其指导下的团管会的监督。学生团体在换届或者更换负责人之前，院团委应当组织对其进行财务检查。

第二十一条 学生团体应当定期向院团体部申请注册，具体注册办法由院团委另行制定（附后）。学生团体不得刻制公章。可以自备艺术图章和其他标志，但必须有院团委批准。关于注册的具体规定为：

（一）凡以经批准成立的学生团体，应定期至团管会处申请注册。

（二）申请注册时间为每学期正式开学后的第三个星期三至星期五。

（三）上一学期原有学生团体前来注册时，只需要提供本学期团体工作计划和人员变更情况即可；拟新成立的学生团体前来注册时，参见《常德职业术学院学生团体管理暂行办法》第二章第十一条，向院团管会提交有关文件。

（四）如有团体变更团体名称，视同拟新成立的学生团体，需要提交相应材料。

（五）凡逾期未前来注册的学生团体，院团管会将向其发出通知，停止活动，责令其整顿。

（六）若进行整顿后仍未前来注册的，院团管会有权将其解散和注销，并向全院学生以公告或其他方式公布。

（七）若经公告后仍私下开展活动的，视该团体为非法组织，院团管会予以取缔，并按照学院有关院纪院规对有关人员予以处理。

（八）院团体联在注册截止后一周内，将注册情况以公告或其他方式公布。

第二十二条　学生团体开展除内部活动以外的开放性活动，必须报院团管会批准。学生团体跨校进行交流活动，必须经院团委审核并报相应机构批准。

第二十三条　学生团体可以创办内部刊物，但必须符合国家法律法规、院纪院规和其他相关规定。内部刊物的编印和发行必须由院团委审查通过。院团委有权对违反本条例规定的团体刊物进行整改和停刊。

第四章　学生团体的组织机构

第二十四条　学生团体会员大会由会员组成，会员大会是学生团体的最高权力机构，依照本办法的规定行使职权。

第二十五条　会员大会行使下列职权：

（一）选举和更换团体负责人。

（二）审议批准负责人的工作报告。

（三）对团体变更、注销等事项作出决定。

（四）修改团体章程。

（五）监督团体财务活动。

第二十六条　团体会员大会应当每学期召开一次大会，并将大会形成的决议报登记管理部门批准和备案。

第二十七条　会员大会作出决议，必须经出席会议的会员半数以上通过；对团体变更、注销和修改章程作出决议，必须经出席会议的会员三分之二以上通过。

第二十八条　团体执行机构是会员大会领导下的团体日常事务处理机构。执行机构由团体负责人组成。

第二十九条　学生团体负责人主要指团体正副社长，学生团体负责人由本团体成员通过首次会员大会选举通过，经院团管会审查后产生。学生团体的正副社长不得兼任财务负责人。

第三十条　有下列情况之一者，不得担任或继续担任学生团体负责人：

（一）在院期间曾经受到校纪校规处分的。
（二）曾因违反有关规定被撤职或团体被宣布解散，应当承担主要责任的团体负责人。
（三）有一门以上主要课程不及格的。
（四）其他不宜担任团体负责人的有关事项。

第五章　学生团体成员的权利义务

第三十一条　我院学生有权按照任何一个团体的章程自由加入或退出该团体。团体内部成员在享有权利和履行义务方面一律平等。

第三十二条　团体成员有权了解所在团体的章程、组织机构和财务制度，对团体的管理和活动提出建议和质询。

第三十三条　学生团体执行机构负责人违反本条例的有关规定和校纪校规，损害成员利益的，团体成员有权向院团委或其指导下的团管会反映问题和情况。

第三十四条　学生团体成员应当接受团体的定期注册。

第三十五条　团体成员有选举权和被选举权，有按照章程担任团体职务的权利，并承担相应义务。

第三十六条　团体成员应当积极参加团体的各项活动，并有权向团体建设提出批评和建议，促进团体的健康发展。

第六章　学生团体的变更和注销

第三十七条　学生团体的登记事项、备案事项需要变更的，应当在7天内向院团管会申请变更登记。学生团体修改章程，应当在7天内报院团管会核准。

第三十八条　学生团体有下列情形之一的，应当向团管会申请注销登记：
（一）完成学生团体章程规定的宗旨的。
（二）会员大会决议解散的。
（三）分立、合并的。
（四）团体被责令关闭或解散的。
（五）由于其他原因终止的。

第三十九条　学生团体提出注销申请登记，应当提交由团体负责人签名、经会员大会通过的注销申请书。院团委或其指导下的团管会应当组织对其财务进行清算，并出具清算报告书。清算期间，学生团体不得开展清算以外的活动。

第四十条　学生团体应当自清算结束之日起15天内向院团体联办理注销登记。

第四十一条 学生团体处分注销后的剩余财产，按照院团委的有关规定处理。

第四十二条 学生团体的变更和注销，应当在报批后尽快以公告形式宣布。

第七章 学生团体的奖惩制度

第四十三条 院团委在每学年末对我院团体进行综合评估，命名一批"院明星团体"和"院创明星团体"。

第四十四条 "院明星团体"和"院创明星团体"实行颁证（挂牌）和淘汰制度。

第四十五条 院团委将设立院团体活动奖励基金，每年对"院明星团体"和"院创明星团体"进行奖励。

第四十六条 "院明星团体"和"院创明星团体"的评选细则在《常德职业技术学院学生团体创优晋级暂行办法》中另行规定。

第四十七条 院团体联应当定期对全院团体进行综合评估，评选出院级"明星团体"和"创明星团体"并对团体和负责人给予奖励。具体评估办法由登记管理部门依照《常德职业技术学院团体创优晋级暂行办法》中另行规定。

第四十八条 学生团体有下列情形之一者，院团委或其指导下的团管会有权责令其停止活动，进行整顿：

（一）活动范围与内容与团体宗旨、章程不符。

（二）不接受本条例规定、院团委或其指导下的团管会的规定和指导。

（三）财务制度混乱。

（四）应当进行定期注册而未注册的。

（五）团体执行机构有严重违纪行为。

（六）其他应当进行整顿的情形。

第四十九条 学生团体有下列情形之一者，院团委有权将其解散：

（一）团体活动违反宪法、法律、法规和规章的。

（二）团体执行机构知道或应当知道有成员利用团体名义从事非法活动而未予以有效制止的。

（三）背弃团体宗旨，情节恶劣的。

（四）应当进行定期注册而未注册的，进行整顿后仍未注册的。

（五）团体成员连续两学期不足30人的。

（六）团体连续两学期未进行活动的。

第八章 附 则

第五十条 本法由共青团常德职业技术学院委员会和常德职业技术学院学生处共同制定。

第五十一条 本办法自2005年9月1日起实施,由学生处和院团委负责解释。

六、常德职业技术学院校园文明公约

常德职业技术学院校园文明公约

1. 仪表举止文明

不穿奇装异服;男生不留长发、不留怪发型,女生不染发,不佩戴首饰;文明恋爱,举止得体,言行得当;主动佩戴校牌;不在公共场所吸烟。

2. 语言文明

不说脏话,不骂人;不讽刺、侮辱他人;在公共场合不大声喧哗。

3. 学习文明

尊敬师长,端正学习态度;遵守课堂纪律,坚决杜绝迟到、早退、旷课、聊天、玩手机、打瞌睡、吃东西等不良现象;诚信立人,考试守纪。

4. 网络文明

恪守网德,弘扬正气;善学善用,不沉溺于网络游戏;不浏览或发布不文明信息,有效抵制有害信息、不良信息的传播;自我约束、互助互爱,不在网上诽谤他人。

5. 卫生文明

爱护校园环境,不践踏草坪和花坛,不随地吐痰,不乱扔乱倒各种垃圾;不流动就餐;爱护校园内的公共设施,不损坏、不随意搬动或挪作他用,不在公共设施上乱贴乱画。

6. 勤俭文明

增强节约意识,自觉杜绝浪费行为;节约水电,爱惜粮食;生活节俭,不互相攀比。

七、常德职业技术学院学生日常管理纪律

常德职业技术学院学生日常管理纪律

一、政治纪律

1. 禁止反对或违背党和国家的方针政策;

2. 禁止聚众起哄，挑起政治事端；

3. 禁止串联罢课，组织参与非法政治集会和示威游行；

4. 禁止成立和参加非法组织，印发非法刊物、传单等；

5. 禁止制造和传播政治谣言；

6. 禁止收听、传播敌台广播和外台的敌对宣传；

7. 禁止收藏、收看、传播反动、黄色、淫秽书刊、音像制品及其他反动宣传品；

8. 禁止冲击党政机关等要害部门和恶意攻击党和国家领导人；

9. 禁止冲击广播室和非法设立广播站；

10. 禁止书写、张贴大、小字报。

二、会场纪律

1. 学生会场包括有组织地开会、看电视、看电影、观看文艺表演、参加体育比赛等集体活动的场所；

2. 由班长组织本班同学整队按时进入会场，按规定区域就座，并做到快、齐、静；

3. 参加会议不迟到、不早退、不缺席，领队清点人数，向会议主持人报告人数；

4. 按会议要求带好笔记本，认真记录会议内容；

5. 不准交头接耳，不准东倒西歪，不准吹口哨起哄，不准鼓倒掌，喝倒彩，不准看与会议无关的书刊，不打瞌睡，讲究礼貌，保持会场秩序；

6. 不准吃零食，不随地吐痰，不乱丢纸屑，保持会场清洁；

7. 散会时，不喧哗，不拥挤，有组织地依次退场；

8. 会场纪律由会议组织者检查评比。

三、学习纪律

1. 上课预备铃响，即进教室按座位坐好。老师进教室，由值日员呼"起立"口令，等老师答礼后，方能坐下。下课仍由值日员呼"起立"口令，等老师回礼后，方能离座；

2. 老师讲课前，值日员向授课老师报告本堂课全班出勤情况，由老师登记在教学日志上；

3. 不迟到，不早退，不旷课，因故迟到者，先在教室门口呼"报告"，待老师同意后，方能进教室上课，上课时不得擅自出入教室；

4. 学生必须尊重老师的劳动，上课时要专心听讲，衣着整齐，不穿背心、内短裤、超短裙、拖鞋进教室，坐视端正，认真做笔记。不翻阅与本堂课无关的书刊，不做与本堂课无关的事；

5. 有疑难问题，先举手，经老师同意方可提问，课堂回答问题要起立，完毕由老师示意后再坐下；

6. 自习课未经学校批准，不准开展其他活动；

7. 上课时不准会客、接电话；

8. 除特殊情况外，学生须按时、按质、按量完成各项作业；

9. 学生不得在教室打牌；

10. 晚自习由学习部负责检查各班纪律、出勤情况，上课时间由值班老师检查；

11. 课间不在教室追赶打闹，不在黑板上乱写乱画；

12. 任课教师和班上主管考勤的干部严格执行课堂考勤制度，准确地填写考勤册，每周向全班公布一次。

四、寝室纪律

1. 学生按指定的房间和床位就宿，不准擅自调换。班内调换须经班主任同意，班级调换须经系（部）同意，系（部）之间调换须经宿管中心同意；

2. 爱护公共财物，严禁私拉乱接电源，私装灯座插头，严禁烧电炉、电热器，在室内生火煮食，室内设备自然损耗应及时向宿管中心报告修缮，对故意损坏公物的要按市价加倍赔偿，并视情节给予纪律处分；

3. 各寝室设寝室长一人，负责督促执行作息制度、管理室内各种公共设备，安排值日，组织同学搞好内务整理，协助学生会处理解决本寝室内出现的问题。所属寝室成员，必须服从寝室长的管理，否则以违纪论处；

4. 值日员要服从安排，自觉负责当天寝室的清洁卫生，注意日常用品的整理、摆设，有权督促检查当日寝室的纪律和治安。所属寝室成员必须服从值日员指挥，否则以违纪论处；

5. 严格遵守作息制度，按时起床，按时就寝。午休和就寝，不允许有影响他人休息的行为；

6. 不准在寝室或走廊上打球、投掷、格斗，或进行其他剧烈活动，不准在寝室举行舞会，不准从窗口向外倒水、丢果皮纸屑，不准乱贴乱画；

7. 不准随意进入异性寝室，不准留宿外人，不准外宿。外来人员未经批准不得在寝室内留宿，直系亲属来校需要留宿者须到学院保卫处登记；

8. 不准引带社会闲杂人员进入宿舍，对外来陌生人员要仔细查问，发现可疑人员立即向保卫处报告。宿舍离人要关好门窗。星期六、星期天寝室要留人，个人钱粮和贵重物品要妥善保管。宿舍严禁存放易燃、易爆、有毒危险品。做好防火防毒防盗等安全工作；

9. 日常生活用品归类摆放整齐，严禁端饭菜进宿舍；

10. 节约用水、节约用电，做到无长流水，无长明灯；按时如数缴纳水电费；

11. 宿管部、女生部根据各寝室的纪律、卫生、治安、美化等情况评比文明寝室。

五、食堂纪律

1. 严格遵守学校作息制度，学生必须按时用餐，未经学院有关部门批准，任何人都不得提早或推迟开餐规定时间；

2. 注意节约粮食，做到吃多少买多少；

3. 依次排队，文明就餐，不喧闹，不敲盆碗，不吹口哨起哄。不插队，不拥挤，脚不踩在桌子和凳子上。不随地吐痰、乱倒饭菜、乱倒洗碗水，剩余饭菜要倒入指定地点。注意餐厅秩序和卫生；

4. 对食堂伙食有意见，应向有关部门提出，通过协商解决，尊重食堂工友的劳动，服从值勤人员管理，说话和气，待人有礼貌；

5. 不使用塑料饭盒，不把校外盒饭带进校内；

6. 坚持在食堂内或指定区域内开餐，不准将饭菜碗盆带出食堂或指定区域；

7. 食堂纪律由生活部管理、检查。

六、卫生纪律

1. 个人卫生做到：

六不：不随地吐痰，不乱扔纸屑，不从窗口往外倒水，不乱倒垃圾，不乱写乱画，不随地大小便；

四要：饭前便后要洗手，衣服被褥要勤洗，指甲要勤剪，头发要勤理；

2. 生活卫生做到四不：

不抽烟、不酗酒、不喝生水、不吃腐烂变质食物；

3. 坚持卫生责任制度，室内卫生轮流值日，室外卫生划片包干，坚持每日一小扫，每周至少一大扫，坚持劳动（卫生）定期和不定期检查制度；

4. 室外卫生做到四无：

无积水、无垃圾、无杂物、无其他脏物；

5. 室内卫生做到六无：

无蛛网、无灰尘、无痰水、无纸屑、无字画痕迹、无其他脏物；

6. 卫生纪律由劳卫部组织检查评比。

七、早操纪律

1. 学生在校学习期间，必须坚持参加早操，不得无故迟到、缺操；

2. 学生出操应以班为单位整队跑步进入操场，并如实向值勤人员报告出勤人数；

3. 各班队伍入场后，由体育教师或学生干部统一整队，要求全班横队、纵队整齐划一；

4. 做操时，要求动作规范、整齐，合要领、和节奏。严禁在队列中谈笑取闹。

八、学生请假考勤纪律

1. 学生在校学习期间，上课、自习、实习、生产劳动、早操、开会及各种集体活动都要进行考勤。因故不能参加的，必须请假，请假在一天以上（含一天）的，必须办理书面请假手续。凡无故不参加者，作旷课处理；

2. 学生考勤工作由系（部）组织各班进行，班委会指定专人负责登记本班出勤情况，定期汇总上报系（部）；

3. 学生请病假须有学校医务室或县级以上医院的证明；

4. 学生请事假要从严控制，一般情况下不准请事假。学生请事假，必须按照学校规定的审批权限，逐级办理审批手续。请假一天以内由班主任审批（不在外过夜），请假三天以内由系（部）主任审批，请假三天以上由班主任、系（部）分别签署意见后，到学生处审批。学生请假按照以下程序办理手续：学生填写请假单，班主任签署意见，再按审批权限到系（部）或学生处登记，最后将请假单交本班学习委员保管。学生回校后，从学习委员处拿请假单及时到有关审批部门销假，否则超假时间按旷课论处；

5. 学生寒暑假回家，因故不能按时返校报到的，应先向学校书信或电话请假，并在返校后持有效证明补办请假手续，否则作旷课处理；

6. 学生利用法定节假日离校，均应事先报告班主任，并在上课前一天晚自习以前返校。

九、治安管理纪律

1. 所有学生必须佩戴校牌；凭校牌出入校门、进出教寝室；

2. 值班人员不准擅自离开岗位；

3. 教室、寝室做到人离落锁；

4. 来客必须到门卫处（校门或宿舍门）登记，不准留客在学生宿舍住宿；

5. 不准私自安装、使用电灯、电炉等电器，不准在花园内生火，不准在教、寝室内生炉、点蜡烛；

6. 不准任何男同志无正当理由进入女寝室，凡有事需进者，必须事先经女生辅导老师批准，方可进入；

7. 为确保学生人身安全，严禁学生下水游泳或在河边玩水，违者以严重违纪论处；

8. 严禁学生进营业性舞厅、录像厅、营业性卡拉OK厅、电子游戏室、桌球室活动，违者以严重违纪论处；

9. 学生不得与社会上身份不明的人员来往，除直系亲属外，不得将外人带入校内，违者视情节给予适当的校纪处分；

10. 凡以上各条，如有违反者，以严重违纪论处，造成事故者，追究其刑事责任。

八、常德职业技术学院学生违纪处分办法

常德职业技术学院学生违纪处分办法

第一章 总 则

第一条 为规范学校学生管理行为、维护学校正常的教育教学和生活秩序，保障学生合法权益，促进学生全面健康成长成才，根据《中华人民共和国教育法》《中华人民共和国高等教育法》《普通高等学校学生管理规定》（教育部令41号）、《常德职业技术学院章程》等文件，结合我校实际，制定本办法。

第二条 本办法适用于取得我校学籍的全日制学生。

第三条 违纪处分坚持公开、公平、公正原则，坚持教育与处分相结合原则，坚持保障学生知情权、参与权、表达权和监督权。

第四条 对有违法、违规、违纪行为的学生，学校给予批评教育，并视情节轻重给予如下纪律处分：

（一）警告；

（二）严重警告；

（三）记过；

（四）留校察看；

（五）开除学籍。

第五条 除开除学籍处分外，纪律处分设置如下期限：

（一）警告、严重警告，6个月；

（二）记过，9个月；

（三）留校察看，12个月。

第二章 违纪处理

第六条 违反宪法、反对四项基本原则、破坏安定团结、扰乱社会秩序的，给予开除学籍处分。

第七条 违反国家法律、法规，受到公安或司法机关处罚的，给予下列处分：

（一）触犯国家法律，构成刑事犯罪的，给予开除学籍处分。

（二）受到治安管理处罚的，视情节轻重给予记过至开除学籍处分。

第八条 无正当理由恶意欠缴学费的，视情节轻重给予警告至记过处分。

第九条 学生一学期内旷课累计达到10课时及以上者，分别给予以下处分或处理：

（一）旷课10课时以上（含10课时），不满20课时，给予警告处分；

（二）旷课20课时以上（含20课时），不满30课时，给予严重警告处分；

（三）旷课30课时以上（含30课时），不满40课时，给予记过处分；

（四）旷课40课时以上（含40课时），不满60课时，给予留校察看处分；

（五）旷课60课时以上（含60课时），视为放弃学籍，作退学处理。

第十条 考试违纪的，视情节轻重给予批评教育或警告至记过处分。

第十一条 考试作弊的，根据作弊行为的具体情况给予下列处分：

（一）携带与考试内容相关的材料或者存储有与考试内容相关资料的电子设备及携带具有发送或者接收信息功能的设备参加考试的，给予严重警告至留校察看处分。

（二）抄袭或者协助他人抄袭试题答案或者与考试内容相关资料的及传、接物品或者交换试卷、答卷、草稿纸的，给予记过至留校察看处分。

（三）带头违反考场纪律，导致考场秩序混乱、考试秩序失控，出现大面积考试作弊的，给予记过至留校察看处分。

（四）抢夺、窃取他人试卷、答卷或胁迫他人为自己抄袭提供方便及故意销毁试卷、答卷或者考试材料的，给予留校察看处分。

（五）以不正当手段获得或者试图获得试题、答案、考试成绩及通过伪造证件、证明、档案及其他材料获得考试资格、加分资格和考试成绩的，给予留校察看处分。

（六）评卷过程中被认定为答案雷同及由考试工作人员协助实施作弊行为，事后查实的，给予留校察看处分。

（七）代替他人或者让他人代替自己参加考试、组织作弊、使用通信设备或其他器材作弊、向他人出售考试试题或答案牟取利益，以及其他严重作弊或扰乱考试秩序行为的，给予开除学籍处分。

第十二条　毕业论文或毕业设计、公开发表的研究成果存在抄袭、篡改、伪造等学术不端行为的，给予警告至记过处分；情节严重的，或者代写论文、买卖论文的，给予开除学籍处分。

第十三条　从事或者参与有损大学生形象、有悖社会公序良俗活动的，视情节轻重给予批评教育或警告至留校察看处分。

第十四条　有严重失信行为的，视情节轻重给予警告至留校察看处分。

第十五条　对于酗酒者，视情节轻重给予警告至留校察看处分；酗酒后滋事并造成严重后果的，给予开除学籍处分。

第十六条　殴打他人、参与打群架情节较轻的，给予警告或严重警告处分；寻衅滋事、持械打人、打人致伤、带头打群架、唆使他人打架、策划打架、以劝架为名偏袒一方造成严重后果的，给予记过至开除学籍处分。

第十七条　以各种形式进行赌博或提供赌博条件的，给予警告或严重警告处分；经教育不改的，给予记过或留校察看处分；情节严重的，给予开除学籍处分。

第十八条　吸毒、贩毒或引诱他人吸毒、贩毒的，视情节轻重给予留校察看至开除学籍处分。

第十九条　传播、复制、贩卖、出租非法书刊和音像制品或其他非法物品的，视情节轻重给予警告至开除学籍处分。

第二十条　参加非法组织、非法宗教活动、邪教活动或传销活动的，视情节轻重给予警告至留校察看处分；经教育不改的，给予开除学籍处分。

第二十一条　在校园内进行宗教活动，经劝阻不改的，给予警告至留校察看处分；造成严重后果的，给予开除学籍处分。

第二十二条　未经批准，组织成立学生团体或以合法学生团体名义开展非法活动的，视情节轻重给予警告至留校察看处分；造成严重后果的，给予开除学籍处分。

第二十三条　未获得批准，举行大型集会、游行、示威等活动的，视情节轻重给予警告至留校察看处分；造成严重后果的，给予开除学籍处分。

第二十四条　利用电脑、网络或其他通信工具进行下列活动之一的，视情节轻重给予警告至开除学籍处分：

（一）登录非法网站的；
（二）传播非法文字、音频、视频资料的；
（三）编造或传播虚假信息、有害信息的；
（四）攻击、侵入他人计算机和移动通信网络系统的；
（五）进行其他非法活动的。

第二十五条 未经批准，夜不归宿、外出租住的，视情节轻重给予批评教育或警告至留校察看处分。在异性寝室留宿或在寝室留宿异性的，视情节轻重给予警告至留校察看处分。

第二十六条 在教室、学生宿舍或其他公共场所私接电源，违章使用电器或明火的，视情节给予警告至留校察看处分；造成严重后果的，给予开除学籍处分。

第二十七条 盗窃、诈骗，或者破坏国家、集体、私人财物的，视情节轻重给予警告至开除学籍处分。

第二十八条 参与卖淫、嫖娼或从事色情活动的，视情节轻重给予留校察看至开除学籍处分；有调戏、侮辱、骚扰他人等行为的，视情节轻重给予严重警告至开除学籍处分。

第二十九条 作伪证、制造假案、诬告陷害他人的，给予严重警告至留校察看处分；造成严重后果的，给予开除学籍处分。

第三十条 私自篡改或伪造证书、证件、签名、文件、档案、公章、印章及信息卡等或使用上述诸类来达到个人目的的，视情节轻重给予严重警告至开除学籍处分。

第三十一条 侵犯他人、组织合法权益的，视情节轻重给予警告至开除学籍处分。

第三十二条 违反学校管理规定，破坏校园环境，扰乱正常的教育教学秩序、生活秩序以及公共场所管理秩序的，视情节轻重给予警告至开除学籍处分。

第三十三条 屡次违反学校规定受到纪律处分，经教育不改的，给予开除学籍处分。

第三十四条 参与涉恐违纪行为的，根据违纪事实给予下列处分：

（一）下载、观看、传播恐怖主义、极端主义音频视频资料或印刷品、图书的，视情节轻重给予留校察看或开除学籍处分。

（二）私自持有恐怖主义、极端主义音频视频资料或印刷品、图书等其他物品的，视情节轻重给予留校察看或开除学籍处分。

（三）校园内穿着、佩戴宣扬恐怖主义、极端主义服饰或标志的，视情节轻重给予留校察看或开除学籍处分。

（四）教唆、胁迫、引诱他人下载、观看、传播恐怖主义、极端主义音频视频资料或印刷品、图书的，给予开除学籍处分。

第三十五条 有下列情形之一的，应当从重处分：

（一）伪造情节造成调查困难的；

（二）同时有多项违纪行为的；

（三）对检举人、揭发人、证人及学校教育管理人员施行恐吓、威胁或打击报复的；

（四）在共同违纪中起主要作用的；

（五）教唆、诱骗、胁迫他人违纪的；

（六）勾结校外人员参与违反校纪的；

（七）策划、煽动闹事，扰乱校园秩序的。

第三十六条 有下列情形之一的，应当从轻或者免予处分：

（一）主动终止违纪行为，避免事态扩大化的；

（二）主动承认错误，有立功表现的；

（三）受他人胁迫违纪的。

第三章 处分程序和管理权限

第三十七条 学校在对学生作出处分决定之前，应当书面告知学生拟作出处分决定的事实、理由及依据，并告知学生享有陈述和申辩的权利，听取学生的陈述和申辩。对学生申辩提出的事实、理由和证据，学生处进行复核；事实、理由、证据成立的，应当采纳并重新提出处分意见。

学生未在规定期限内进行陈述、申辩的，视为放弃陈述、申辩的权利。

第三十八条 给予开除学籍处分的，由系部提出处分建议，学生处审核后提出处分意见，报学校主管领导，经学校法制办公室进行合法性审查后，报校长办公会或者校长授权的专门会议研究决定。

第三十九条 学校对学生作出的处分，应制作处分决定书。处分决定书包括以下内容：

（一）学生的基本信息；

（二）作出处分的事实和证据；

（三）处分的种类、依据；

(四) 申诉的途径和期限；

(五) 其他必要内容。

第四十条 处理、处分决定书可依次采取下列送达方式：

(一) 直接送达：由系部直接送达学生本人，学生本人签收。

(二) 留置送达：学生拒绝签收的，系部领导、辅导员及见证人将上述文书送达学生住所，可采取照相、录像等方式记录送达过程，即视为送达。同时，撰写留置送达情况说明（系部领导、辅导员和见证人签名并加盖学院公章）报学生处。

(三) 邮寄送达：学生已离校的，系部可以采取邮寄方式送达。

(四) 公告送达：难于联系的，系部可以利用学校网站或新闻媒体等以公告方式送达，公告时间为15日，即视为送达。

第四十一条 学生对处分决定有异议的，自学校处分决定书送达之日起10日内，可以向学校学生申诉处理委员会提出书面申诉。申诉程序按《常德职业技术学院学生听证与申诉管理办法》办理。

第四十二条 学校发现学生在校内有违法行为或者严重精神疾病可能对他人造成伤害的，可以依法采取或者协助有关部门采取必要措施。

第四章 解除处分条件和程序

第四十三条 申请解除处分基本条件：

(一) 学生受处分后，应对所犯错误的认识和整改措施写出书面材料报所在系部；

(二) 处分期内，应知错即改、端正态度、积极进取。每两个月撰写思想和日常表现总结并及时向辅导员提交。

第四十四条 申请解除处分者，还应满足下列具体条件之一：

(一) 解除警告、严重警告处分，应在班级学风建设、宿舍文明建设等活动中，表现良好受到学院或年级（班级）表扬的；

(二) 解除记过、留校察看处分，综合测评成绩排名在班级前20%或提升30%及以上的；

(三) 在正式比赛、竞赛中（如：科技创新大赛、文体竞赛、专业竞赛、职业技能竞赛等），获得团体一、二、三等奖或前三名的；

(四) 积极参加集体事务、公益活动，在抢险救灾、志愿服务、专业实习、社会实践等活动中，受到校级及以上表彰的；

（五）因见义勇为受到校级及以上表彰的；

（六）为学校建设与发展做出一定贡献或为学校赢得荣誉获得学校表彰的。

第四十五条 有下列情形之一者，可在处分期限届满之前3个月申请解除处分：

（一）在国家、省、市举办的正式比赛、竞赛中（如：科技创新大赛、文体竞赛、专业竞赛、职业技能竞赛等），获得个人一、二、三等奖或前三名的；

（二）积极参加集体事务、公益活动，在抢险救灾、志愿服务、专业实习、社会实践等活动中，表现突出受到校级以上表彰的；

（三）因见义勇为受到校级以上表彰的；

（四）学校认可的其他情形。

第四十六条 处分期间因毕业、结业、转学、退学等原因离校者，可在离校前申请解除处分。

第四十七条 处分期间休学者，休学时间不计入处分期限，待复学后顺延至处分期满。

第四十八条 解除处分程序：

（一）处分期满后，学生写出书面解除处分申请、填写《常德职业技术学院学生解除处分审批表》，向所在系部提出解除处分申请，并提交相关佐证材料。

（二）系部在接到学生解除处分申请后，召开党政领导联席会议，听取辅导员汇报受处分学生在考核期内的考核报告及学生所在班级对该生的民主测评情况，审查、核实相关材料，研究解除处分建议，撰写解除处分情况报告，在本系部公示无异议后连同相关材料报学生处。

（三）学生处在收到系部所报解除处分材料后，审核相关材料、提出处理意见，报学校主管领导批准后执行。

（四）学校做出的解除违纪学生处分决定，出具解除处分决定书。解除处分决定书由系部送达学生本人，并发布公告。

（五）对于不符合要求的申请者，学院阐明原因，做出书面回复。学生可在3个月后再次提出申请，但最多只允许申请两次。

第四十九条 解除处分后，学生获得表彰、奖励及其他权益，不再受原处分的影响。

第五章 附 则

第五十条 本办法自2020年下学期起实施。

第五十一条 本办法由学生工作部负责解释。

九、常德职业技术学院学生公寓管理暂行规定

常德职业技术学院学生公寓管理暂行规定

第一章 总 则

第一条 为切实规范学生公寓管理，营造安全、舒适、文明的学习与生活环境，根据《普通高等学校管理规定》和《高等学校学生行为准则》，以及其他有关法规，结合我院实际制定本规定。

第二条 本规定适应于本院住宿学生。

第三条 后勤服务公司下设宿舍管理中心（简称宿管中心），负责学生公寓的日常管理和安全保卫工作。成立学生宿舍管理委员会，对公寓进行自治管理。学保处及各系（院）负责公寓内学生纪律以及学生思想政治工作。

第二章 住宿管理

第四条 坚持男女分楼，系（院）、班级相对集中的原则，对学生住宿进行统一安排，学生服从宿管中心的安排和调整。

第五条 学生入住公寓时签订学生公寓住宿合同，承诺在住宿期间遵守学院有关学生公寓管理的各项规章制度。

第六条 学生住宿必须按指定的公寓、寝室号入住，不得擅自变更宿舍。

第七条 学生不允许在校外住宿。擅自在校外住宿的学生发生安全问题，由学生本人及其家长承担相关的政治、经济、法律等责任，学院还按照有关规定给予相应处理或纪律处分。

第八条 寒、暑假学院放假后，学生必须在两日内离校。非学校安排，学生不得在假期提前返校或逗留学校，公寓不予接待和安排。

第九条 学生毕业、实习、休学、退学时，必须凭离校清单到宿管中心办理退宿手续。

第三章 秩序管理

第十条 学生应严格遵守公寓作息制度。公寓作息时间根据学院作息时间制定。

第十一条 公寓楼内实行封闭管理和24小时值班制度，入住学生凭校牌进出本栋公寓。宿管员对进出公寓的人员进行检查和询问。

第十二条 男、女学生不得相互串门，确有特殊情况在出示相关证件得到宿管员同意并登记后方可进入。中午休息时间和晚上9:00以后一律不得进入。

第十三条 在午休和熄灯后学生公寓必须保持安静。在此期间，学生不得播放收录机、吹奏乐器和大声喧哗、起哄或进行其他妨碍他人休息的课外文体活动。

第十四条 学生公寓内严禁经商，未经批准，任何单位或个人不得在学生公寓内外从事经营性活动、非法传销活动等。

第十五条 不准在公寓墙壁上张贴各类海报、广告、启事和未经学院允许的张贴物；不准将有害有毒或影响公共卫生的物品带入公寓。

第十六条 严禁外来车辆进入公寓。公寓走廊、楼梯、过道不得堆放杂物。

第四章 公物与维修

第十七条 住宿学生要自觉爱护公物，不得随意移动公寓内设施和个人使用物品，更不允许移出室外。

第十八条 学生对自然损坏的家具和设备，必须及时报修，以便维修和更换。若属人为损坏，维修费用由损坏人承担。对于故意破坏公寓物资、设施的学生除照价赔偿外，另处以50~200元罚款，情节严重的，按照学院有关规定给予纪律处分。

第十九条 学生毕业离校或搬离房间时，不得私自搬动或调换公物，保持室内卫生及公物完整，经宿管员检查合格后，方可办理离校手续或入住其他房间。

第二十条 凡学生报修项目未得到及时维修，学生可到宿管中心投诉，由宿管中心查证属实后，对维修人员按规定处罚。

第五章 水电管理

第二十一条 公寓内每天供电时间为6:00—8:00，12:00—15:00，16:00—19:00，20:00—22:30，节假日延长至23:00，其他特殊情况可酌情延长供电时间。

第二十二条 公寓学生日常用水用电，实行定额免费、超额收费。核定每生每月用水额为3吨，每生每月用电额为5度，以寝室为单位计量，按寝室入住人数计算。宿管中心每月抄表核算，超额水电费应在接到报表后一周内到宿管中心交纳，逾期按每天5%的标准收取滞纳金，逾期一周未支付的，给予停水停电处理。

第二十三条 学生应养成节水、节电的习惯，做到人离灯灭、用后关水，无长明灯、长流水现象。严禁违章用电，发现使用大功率电器者，一律收缴。对窃水、窃电的行为，按学院有关规定严肃处理。

第二十四条 学生要做到安全用电，严禁乱拉乱接电线或私自拆卸水表、电表；严禁使用热得快、电饭锅、电水壶、电炉、电热杯等电加热器具，以免产生安全隐患，造成安全事故。

第二十五条 学生应注意维护好室内水电设施，如有损坏，学生不得擅自更换或自行维修，必须及时报修，由宿管中心专业维修人员维修或更换。

第二十六条 凡在公寓水、电网络中供水供电的教职工、租住户和经营户必须按时足额交纳水电费，逾期不交的给予停水停电处理，并收取一定金额的滞纳金。

第六章 卫生管理

第二十七条 学生要养成良好的卫生习惯，每天自觉整理寝室内务，室内清扫必须在每天8:00前或14:00前将垃圾装袋放至门口走廊边，由清洁工统一清除；其他时间，必须主动放入垃圾桶内，不得随意丢弃。

第二十八条 自觉维护公寓环境卫生，不随地吐痰，不从窗口乱丢废弃物、乱倒污水，不在墙壁上乱写乱画，不在公寓内饲养宠物。

第二十九条 宿管中心、系（院）组织人员每天对寝室进行检查，公布卫生评比结果，每周进行"党、团员示范寝室"评比，并张榜挂牌。

第七章 安全管理

第三十条 学生在公寓内自己配备电脑、电视、摩托车等贵重物品，必须办理个人财产保险，凭财产保险单到宿管中心登记注册，方可在公寓内使用。要妥善保管好自己的贵重物品，长时间离开宿舍时，贵重物品可存放在公寓管理中心。如未按上述要求办理相关手续，出现物品失盗的，公寓不承担赔偿责任。

第三十一条 加强自我防范意识。寝室无人时必须反锁房门，关好窗户，寝室钥匙不得转借非同寝室的其他同学。学生尽量不要在公寓内存放200元以上现金，提倡使用IC卡在校园内消费；妥善保管好自己的手机、IC卡、存折、信用卡以及其他贵重物品。携带贵重物品外出，须主动向宿管员出示证件予以登记。

第三十二条 外来人员进入公寓须出示相关证件，办理登记手续，有效证件留押在值班室方可进入公寓,且在规定时间内离开。严禁外来人员在公寓内住宿。

第三十三条 严禁学生在公寓内酗酒、赌博、聚众闹事、打架斗殴;严禁携带、存放管制刀具、有害和易燃易爆物品等;严禁夜不归宿或攀爬大门、窗户、阳台等进出学生公寓。

第三十四条 爱护消防器材,严禁擅自开启、使用消防设施;严禁存放或使用煤气炉、酒精炉、液化气等;严禁在公寓内吸烟、焚烧物品、燃放烟花爆竹。

第三十五条 严禁在公寓内成立非法组织,举行非法集会,书写张贴危害国家安全或扰乱校园教学、管理、生活秩序的标语、大小字报。

第三十六条 学生应当自觉维护公寓内安全,增强警觉意识,发现危及公寓安全的异常情况要立即报告,并及时劝阻、制止有损公寓安全的不良行为。

第八章 文化建设

第三十七条 积极开展以"自我管理,自我服务,自我教育"为内容的公寓思想政治教育活动,使学生在公寓内养成文明、守纪的良好行为习惯。

第三十八条 加强学生公寓文化活动建设,公寓楼内门厅、楼道、走廊布置美观大方,突出人文氛围和育人功能;公寓楼内开辟专用公告栏、学生文化宣传栏、橱窗等,并经常更新内容。

第三十九条 经常开展以公寓艺术节为主要内容的各种生动活泼、健康有益的公寓文体活动,创造良好的生活环境,营造积极、健康向上的公寓文化氛围。

第四十条 定期开展学生志愿者服务活动和勤工助学活动,增强学生参与公寓管理的积极性。

第九章 奖 惩

第四十一条 "星级文明寝室"是学生寝室文明卫生评比的荣誉称号。宿管中心在日常检查评比的基础上,每学年开展一次"星级文明寝室"评选活动,并给予表彰和奖励。

第四十二条 对学生在制止公寓内发生的打架斗殴、盗窃、赌博、损坏公物、违章用电等严重违纪行为中表现突出的;及时报告火险隐患,抢救扑灭公寓火灾表现突出的;举报或提供公寓发生的严重违纪问题和突发事件信息,经查实无误的；以及其他在维护宿舍安全、纪律、卫生和宿舍管理中表现突出的学生，给予表彰和奖励。

第四十三条 对于违反本学生公寓管理各项规定，经调查属实，给予批评教育，并按《常德职业技术学院学生违法、违规、违纪处分条例》处理。

第四十四条 上述奖惩事项，由后勤服务公司向学生所在系（院）通报，系（院）核实情况后实施奖惩。

第十章 附 则

第四十五条 在学院进行短期培训且在公寓住宿的学员参照本规定实施。

第四十六条 本规定自发文之日起执行，原《常德职业技术学院学生宿舍管理规定》同时废止。

第四十七条 本规定由后勤处负责解释。

十、常德职业技术学院学生走读管理办法

常德职业技术学院学生走读管理办法

为了维护学院正常的教学、生活和工作秩序，规范管理，本着对学生负责、家长负责和社会负责的原则，保障学生的人身和财产安全，根据高校有关学生管理规定，结合我院实际，特制定此管理办法。

一、学生申请走读的条件

符合下列条件之一的，可申请走读：

1. 家住武陵区内（或学院附近），家校之间往返方便，且年满18周岁；
2. 因疾病或其他方面原因需要家长陪读的；
3. 经县级以上医院诊断患有某种疾病需在家治疗；
4. 确实不适宜集体居住的；
5. 其他特殊原因不能在校住宿的。

二、学生走读办理时间

1. 走读手续每年审批办理一次，每次有效期限为一学年，逾期需重新办理申请手续；
2. 老生每年6月份调查登记，秋季开学第一周为申请办理下一学年手续的时间；新生入学报到后一周内办理申请手续；
3. 学年中途原则上不办理，确因特殊情况需要办理，该学年已交住宿费不退。

三、学生走读办理程序

1. 学生本人和家长经过认真思考，取得一致意见后，提出书面申请报告，填写学生走读审批表，连同户口、身份证等相关居住证明材料或其他有关材料交班主任或辅导员；

2. 班主任或辅导员根据申请走读的条件进行严格审查，与学生本人和家长充分沟通，详尽地告知学院和系部关于学生走读的管理办法，经学生本人和家长书面认可后签字；

3. 系部分管学生工作领导审核签字并盖章；

4. 学生处审批备案；

5. 学生本人、家长和系部签订《学生走读协议书》；

6. 学生凭《学生走读协议书》到计财处缴纳学费时免交住宿费。

四、学生走读管理规定

走读生必须严格遵守校纪校规，按学院规定的作息时间参加学院和系部的教学活动和其他活动，但有以下三项例外：

1. 走读生可以不参加学院统一的早操或晨练；

2. 除参加星期日（或放假后返校前一天）晚上的班级集中讲评外，其余时间的晚自习可以自行在家进行，晚上的系部或班级其他集体活动参加与否由系部决定；

3. 晚上的必修课要按规定参加，但选修课可以不参加。

附：常德职业技术学院学生走读协议书

常德职业技术学院学生走读协议书

甲方：

乙方：常德职业技术学院

根据甲方　　　同学的实际情况，本人自愿申请，经家长同意，学院批准，　　年　　学期和　　年　　学期采取走读形式，为了规范学院管理行为，明确双方责任，维护双方利益，现签订《学生走读协议书》。

一、学生和家长职责

1. 学生和家长应向学院提供真实有效的走读申请材料，如因材料不真实等原因办理手续后发生的一切后果概由学生自己承担。

2. 学生和家长应向学院提供准确有效的联系电话，主动了解学院的各项管理规章制度、作息时间，主动记存班主任或辅导员及系部学生管理领导的电话号码，家长要督促子女按时到校学习和参加各项活动。

3. 学生应提高在家学习的自觉性和能力，按要求完成规定的学习任务，家长应督促和管理子女在家学习。

4. 学生因故不能按时到校的，学生本人或家长需及时报告班主任或辅导员，办理请假手续，学生请假两节课以上需有家长的签字同意。

5. 学生应提高自我管理和控制能力，放学后要按时回家，确因临时原因推迟回家要及时向家长报告，家长发现子女未按时回家，要及时与班主任或辅导员联系，核实情况，掌握学生去向，便于发现问题及时解决。

6. 家长应尊重和服从学院的各项管理规定，要经常主动与班主任、辅导员或系领导沟通交流其子女在校或离校后的各方面情况，积极配合学院对学生的共同教育和管理。

7. 学生应自觉遵守法律和社会道德，增强自身安全意识，提高自我保护能力，离开学校后的一切行为均为个人行为，发生的一切事件及后果由自己负责，不得以任何理由、任何形式请求校方承担责任，校方对走读生在校门外所发生的各种意外事件概不负责。

二、学院管理责任

1. 学院对走读生应加强管理，严格履行走读审批手续，对不符合条件的走读学生，要告知家长，以便于学院和家长对学生的教育和管理。

2. 班主任或辅导员要向家长提供学院的各项管理制度、准确的作息时间和课表，便于家长对子女的监控和管理。

3. 班主任或辅导员要加强对走读生的考勤，学院正常学习和活动时间，学生未到校或私自离校，应及时通知家长，查明原因，迅速采取有效措施。

4. 班主任或辅导员要经常与学生家长取得联系，通报学生在校的表现、学习等方面情况，共同对学生进行教育和管理。

本协议一式两份，甲乙双方各执一份，具有同等效力，从签字之日起学生走读期间生效。

甲方学生签字：　　　　　　　　　　　　乙方：（学院盖章）

甲方家长签字：

20　年　　月　　日　　　　　　　　　20　年　　月　　日

十一、常德职业技术学院校园安全管理规定

常德职业技术学院校园安全管理规定

（常职院发〔2015〕3号）

第一章 总 则

第一条 为加强学院安全稳定，维护正常的教育教学秩序，防止和减少安全事故，根据相关法律法规，结合学院实际，制定本规定。

第二条 本规定所指安全包括校园范围内的政治、教学、消防、交通、卫生、网络、公共秩序等涉及人身和个人财产的安全，以及学院组织的各类集体活动的安全。

第三条 校内安全管理工作，由学院党委统一领导，保卫处负责组织和检查落实，其他处（室）、系（部）及个人配合和具体实施。

第四条 学院安全管理工作贯彻预防为主、分工负责、突出重点、保障全面的方针，遵循"谁主管、谁负责，谁举办、谁尽责"的原则，切实落实安全责任制。

第五条 学院安全管理包括下列任务：

1. 开展安全教育。普及安全知识，增强师生员工的法制观念、安全防范意识。

2. 维护校园稳定。严防境内外敌对势力、非法宗教势力、民族分裂势力等对高校的渗透、煽动和破坏活动；及时处置各种不安定事端和突发性事件；协助国家安全、公安机关调查与处置危害国家安全的行为；调解处理内部矛盾纠纷，维护校园安全稳定。

3. 严格安全管理。建立健全安全管理责任制和安全管理制度，落实安全管理措施，消除各种安全隐患，防止发生各类案件或事故，完善突发事件处置预案，果断及时处理影响校园安全稳定的突发事件。

4. 协助查处案件。及时向公安机关和教育主管部门报告校内及与学院有关的刑事、治安案件，安全事故和其他严重危及校园安全的情况；保护案发现场并协助公安机关查破校内发生的刑事案件和治安案件。

第二章 安全教育

第六条 学院各处（室）、系（部）应加强对学生和教职工开展安全教育。

安全教育内容包括：

1. 交通安全教育。
2. 消防安全教育。
3. 饮食卫生安全教育。
4. 防盗、防骗、防抢、防人身伤害教育。
5. 实习、实训、勤工助学及社会实践安全教育。
6. 体育运动安全教育。
7. 劳动及日常活动安全教育。
8. 逃生自救应急疏散演练。

第七条 根据地域、环境、季节特点，将安全教育渗透到教学、社会实践、日常生活及各类活动中；将放假前、开学初作为安全教育的重要时段，重点向学生介绍水陆交通安全、饮食卫生、校内外活动安全及其他意外事故的自救、自护知识等。

第八条 注重学生心理健康教育和心理咨询工作，帮助学生克服心理压力，防止和减少学生因心理疾病而发生的出走、他伤、自伤、自残等事故。

第九条 加强校园安全文化建设，充分利用学院的宣传教育阵地和设施，开展宣传教育活动。

第十条 加强对驻校工程队和其他施工单位的安全教育和管理。

第三章 公共安全

第十一条 校园公共安全秩序要求如下：

1. 学院各类人员应当严格自律，严禁打架斗殴、盗窃、赌博、酗酒、破坏公物等违规违法行为。
2. 严禁聚众闹事，制造和传播谣言故意引发事端，制造校园秩序混乱。
3. 禁止私藏、携带管制刀具、危险物品、易燃、有毒等违禁物品进入校园。
4. 禁止传播和散布反动言论、伪科学及封建迷信思想。
5. 严禁学生在校园内饲养一切动物。
6. 严禁未经批准在校园内张贴各类信息广告。
7. 严禁学生到江河、湖泊、池塘游泳和戏水。
8. 按照"谁使用、谁管理"的原则，做好楼宇安全设施的维护，禁止在校园内翻越门窗、围墙和登上屋顶等危险行为。
9. 禁止进行一切传销活动。

第十二条 危险品管理要求如下：

1. 各处（室）、系（部）应加强对易燃、易爆、有毒等危险品的管理。危险品使用人员应经过安全培训，熟知危险品的特性和安全防范、救治措施，并严格按要求规范使用。

2. 各种危险品应存放在危险品库或专用危险品橱柜内，实行双人双锁管理。对危险品的领用、消耗，应随时登记。危险品的废弃物应分类收集、统一处理，不得随意倾倒丢弃。

3. 禁止私藏、携带易燃、易爆、有毒等危险品。

第四章 消防安全

第十三条 学院消防安全要求如下：

1. 依据《消防法》《高等学校消防安全管理规定》等法律法规，制定学院消防安全规定，加强校园日常消防和用电安全管理。

2. 保卫处负责配备各建筑物内消防灭火器材、疏散指示标志等，指导和监督使用单位管理和使用好消防设施和器材；制订消防应急预案，开展消防培训、演练等；配合有关部门对新建、改建、扩建等建设项目进行消防安全审查、竣工验收等。

3. 各处（室）、系（部）应按规定确保各自工作区域内的消防器材完好有效，保持安全疏散通道畅通无阻；有关管理人员能熟练使用灭火器等消防设施，熟悉疏散逃生方向与通道，确保紧急情况下师生的安全撤离和疏散。

4. 严禁随意动用或拆卸、损坏消防设施；严禁私拉乱接电线，偷窃电能的行为；严禁使用大功率电器；严禁在宿舍做饭、生火；严禁在校区内焚烧物品、燃放烟花爆竹和燃放"孔明灯"。

第五章 集体活动安全

第十四条 加强校内外集体活动的管理，严格实行活动审批备案制度。

1. 组织大型集体活动的系（部）或学生团体，要负责安全管理工作，须有老师指导，明确责任人，制定安全工作方案，300人以上的集体活动须向学生处或团委报批，并报保卫处备案，加强安全督促工作。

2. 各系（部）组织学生外出活动时，必须制定安全工作方案，明确带队老师。凡是组织集体外出活动须向学生处报批、学院领导批准，然后报保卫处备案。

第六章 离校安全

第十五条 学生离校安全管理要求如下：

1. 寒、暑假和法定节假日前，各系（部）须对学生进行例行安全教育，重点强调安全纪律和交通安全、食品安全、防止诈骗及盗抢财物的安全。

2. 学生顶岗实习期间，各系（部）须重点进行防止诈骗、防止落入传销网络警示教育和安全生产教育。

3. 建立学生实习实训联系制度。各系（部）在学生实习实训期间，指定专人负责，定期与学生联系，掌握实习期间安全状况。

4. 严格实行请假、销假、报告制度。学生在寒暑假、法定节假日和日常回家或离校外出时，实行系（部）批假、销假、到家报告制度。

第十六条 学生擅自离校不归，系（部）要及时报告学院保卫处，同时通知学生家长，共同做好学生劝回工作；对擅自离校失去联系的学生，要及时向公安部门报案帮助寻找。事后，学院根据教育部和学院学生管理相关规定对擅自离校的学生给予处理。

第七章　道路交通安全

第十七条 学院道路交通安全方面要求如下：

1. 交通主干道要设置明显的交通标志标线，如限速、禁鸣、分道线等；机动车道要设置合理、适当的减速装置，进入校园的所有车辆，必须限速慢行。

2. 校园内严禁车辆乱停乱放。各种车辆必须在规定的停车区域有序停放。

3. 学生一律禁止在校园内驾驶机动车辆（包括摩托车和改装燃油助力车）。

4. 校园道路应保持畅通无障碍，道路施工应事先报资基处、后勤处与保卫处审批，施工现场应设置隔离带，并设置明显的警示标志。

第八章　生理与心理健康安全

第十八条 学院生理与心理健康工作的主要任务：监测学生健康状况；对学生进行健康教育，培养学生良好的卫生习惯；加强对传染病、学生常见病以及心理疾病的预防。

第十九条 加强对体育课教学等体育活动的组织工作，科学开展运动技术要领、准备、整理活动等方面的指导与安全保护，防止发生意外伤害事故。学院体育课教学内容应符合教学大纲要求，符合学生年龄、性别特点和地理、气候条件。

第二十条 建立学生健康档案，对特异体质学生，应告知学生及其家长、老师，并按规定不安排其进行相关活动；对因心理、精神问题或身体疾病而不能进行正常学习、生活的学生，应安排专人进行24小时监护，并及时通知学生家长来校办理离校回家治疗手续。

第二十一条 强化学生参加城镇居民基本医疗保险的组织工作。严格落实省市关于大学生参加城镇居民医疗保险的有关精神，积极办理相应手续，确保全员参与、全程服务，解决学生医疗后顾之忧。同时鼓励学生积极参加商业医疗保险，提高医疗服务水平和质量。

第九章 饮食卫生安全

第二十二条 校园饮食卫生安全要求如下：

1. 加强饮食卫生管理，规范食品加工流程，执行《食品卫生法》，严防食物中毒、传染病以及投毒破坏的行为。

2. 食堂设施设备及食品采购、运输、加工、出售、储存等环节应符合国家有关部门的要求，严把食品质量关。

3. 食堂工作人员应经卫生防疫部门批准，持证上岗，并定期进行身体检查。不得聘用传染病原携带者或患有传染病的人员从事食品加工经营。

4. 严禁到无食品卫生许可证的餐饮场所就餐，严防食品中毒等意外事故发生。

第十章 校园网络与信息安全

第二十三条 校园网络与信息安全要求如下：

1. 学院校园网应当建立符合公共安全行业标准的互联网安全保护技术措施，记录并留存有关用户日志信息；加强校园网络的日常维护与管理，落实必要的安全防护措施，有效防范计算机病毒、网络入侵和攻击破坏。

2. 加强校园网络各类信息与交流平台的监管，对非法、有害的各类信息应及时采取清除与防范措施，保障健康、文明、有序的网络环境。

3. 学院对外信息发布统一由党委宣传部负责，校内任何组织、团体或个人不得擅自在电视、广播、报纸等新闻媒体上发布未经批准的各类信息。

第十一章 门卫安全管理

第二十四条 学院门卫安全管理要求如下：

1. 学院门卫实行24小时值班制。门卫必须严守岗位，尽职守责，热情服务，不得擅自离开工作岗位。

2. 严格查验制度，认真做好来客来访登记和外来车辆的进出登记；对外出的车辆注意检查，携带公物及贵重物品出校门，一律凭盖有主管部门公章的有关证明，经检查登记后方能放行。

3. 学院教职工自备车一律凭保卫处颁发的《车辆出入证》进出校门；外来车辆必须经过允许和登记后方能入校，出租车、改装摩托车、无证无牌车辆禁止进入校园。

第十二章 学生公寓安全

第二十五条 学生公寓内学生应遵守下列作息及安全纪律：

1. 学生应自觉遵守学校的作息时间，学生无特殊情况均不得晚归和深夜外出，晚归或深夜外出的学生必须在值班室凭有效证件登记并说明情况。

2. 提高安全防范意识，妥善保管好自身财物，特别是贵重物品，防止丢失被盗，提倡学生在公寓内租用保险柜。

3. 离开寝室时应关好门窗，保管好房门钥匙，不得将房门钥匙转借给他人，不得私自更换锁具和配制钥匙。

4. 禁止从公寓楼向外抛掷物品，危害他人安全和破坏环境卫生。

5. 禁止在公寓内经商、推销和做广告等。

6. 遵守公寓会客制度，严禁将非公寓人员带入学生公寓或留宿，防止不法人员乘机进行盗窃、诈骗等不法活动。

第十三章 安全检查

第二十六条 对学院安全检查要求如下：

1. 建立和完善各级安全检查制度，定期对所属区域进行安全检查，落实安全措施。

2. 保卫处、学生处每学期要定期或不定期组织两次以上安全检查；各处（室）、系（部）每个季度要组织一次安全自我排查，发现安全隐患及时消除。

3. 各班级每个月要定期召开一次安全教育主题班会，并组织进行自查自纠。

4. 各系（部）每学期对于安全教育与管理等情况应做出书面总结，向学院安全维稳领导小组汇报。

第十四章 外来暂住人口登记管理

第二十七条 外来暂住人口指凡不属于学院正式编制的教职工且在校内暂住的聘用人员、门店租赁经营户、教职工雇请的保姆、外来租住人员、基建维修施工公司员工及常住教职工亲属等，必须到学院保卫处登记。

第二十八条 所有外来暂住人口必须带身份证、暂住证、计生证的原件和复印件，即：

（1）本人的居民身份证，或者原籍乡镇以上人民政府、公安机关出具的身份证明。

（2）育龄妇女应当提交原籍乡镇人民政府或者街道办事处计划生育主管机关出具的婚育状况证明。

（3）暂住地派出所办理的《暂住证》。

（4）本人近期一寸正面免冠照片二张。

第二十九条 学院各部门或部门教职工引进的外来暂住人口，由该部门负责管理，并督促及时报保卫处登记管理。

第十五章 附 则

第三十条 本规定由学院保卫处、学生处负责解释。

第三十一条 本规定自公布之日起施行。

十二、常德职业技术学院考试工作办法

常德职业技术学院考试工作办法

一、总则

1. 为加强学风建设，使考试工作进一步制度化、规范化和科学化，特制定本办法。

2. 学院考试工作的内容：根据人才培养目标的具体规定，编制试卷或按照考试要求组织实施各种考试（包括国家、省组织的各类考试和学院组织的期末、期中、缓考、（重考考试）补考等）。

3. 学院考试工作在学院统一领导下，实行院、系两级负责制。学院行政部门的主管领导和各系部主要负责人分别是考试工作的第一责任人。教务处在相关考试行政部门的指导下代表学院组织实施各种考试，并制定有关规定，对考试的全过程实行规范化管理。

二、考试命题

考试科目及考试学期应与人才培养方案一致，如需变动，应按照调整人才培养方案的程序履行审批手续。考试课程不允许提前考试，如有特殊情况，经教学系部提出，教务处审核，主管院领导批准后方可提前。

4. 考试命题在系部和有关教研室主任的领导下进行，命题工作应由课程主讲教师或邀请有经验的教师承担。每门课程的试题均须经教研室主任审定，主管考试工作的系部领导批准，最后由教务处备案。

5. 命题的主要依据是课程标准。命题的基本要求：试题应覆盖教材主要内容；试题应难易程度适中；试题应分量适中；试题正确答案应随机编排；试题内容要不断创新，不能与历年试题有50%以上相同；试题必须标明分值；试题必须附有参考答案和评分标准。

6. 建有试卷库的课程，试题可从试卷库中抽取。试题必须同时准备A、B两套卷，两套试题必须基本等效。教务处随机指定其中一套作学期考试之用，另一套作缓考、（重）补考用。

7. 教师在考前复习、辅导、答疑时，应以帮助学生全面掌握和运用该门课程的基础理论、基本知识和基本技能，培养发展学生的能力为出发点，不得划考试范围、考试重点，不得以任何形式向学生泄露试题内容。

三、试卷的印制

8. 学期考试试卷由教务处（和系部）指派专人按统一格式到学院文印室印制，印制好的试卷由系部派专人密封，统一存放保密室。考试前，各系部按教务处规定的统一时间派专人到保密室领取试卷。

9. 试卷印制期间，与印制无关的人员不得随意进入文印室。作废的试卷和原稿必须及时销毁。所有接触试题人员必须严格注意保密，不得以任何形式向他人暗示或泄漏试题内容，违反者要严肃追究其责任。

10. 考试后，各系部应把各科试卷连同考试成绩分析表汇总，并装订成册，在下一学期开学后一个月内送交学生所在系部分班存档。（重）补考试卷须于（重）补考后二周内由系部整理、装订送学生所在系部存档。试卷须保存至学生毕业离校1年以上方可销毁。

四、考试的实施

11. 课程考核分为考试与考查两种，教学计划所设置的课程须以学期为单位组织考核。考试与考查具有同等效力。考核形式可根据课程本身的特点采用开卷、闭卷、开闭卷结合、口试、机试、口试笔试结合等多种形式。毕业论文（设计）通过评审、答辩等环节进行考核评分。

12. 系部在考试前必须组织审查学生考试资格，凡不具备考试资格的，不允许参加全部或相应课程的考试。有下列情形之一者，取消考试资格：

① 欠交学费者（由计财处提供名单，各系部填报）；
② 缺课三分之一或缺交作业二分之一者（由任课教师提供名单）；
③ 已办理休学手续尚未复学者；
④ 学校已明令退学但尚未离校者。

各系部须于考试前两天将考试资格审查结果报教务处备案。

13. 考场布置。考场应保证光线充足、空气流通、场内洁静。各系部编排考场时，应安排学生单人单桌，学生考试就座时须前后整齐一致。有条件的系部应对全体参加考试的学生随机编号，考试时学生必须按编排的号码就座。

14. 公共课课程考试必须有一个主考教师。主考教师从主讲教师中挑选，由教研室指定。主考教师要对该门课程考试全面负责，到相关考场巡查，发现问题及时处理。

15. 每个考场容纳的考生数不超过30人，配备2名（或2名以上）监考人员。多媒体教室可容纳其座位数一半的考生，安排3名或3名以上监考人员。监考人员由各系部选派，教务处协调。专任教师必须参加监考工作，系部安排监考工作量时要注意教师间的平衡，若有特殊情况不能参加监考工作的应提前办好请假手续，经系部主管领导审核同意后交教务处备案方可执行，实施情况将纳入系部教学考核范畴。

五、监考

16. 监考教师必须参加系部组织的考前工作会议，于开考前20分钟到达指定地点，领取、清点试卷。考前须清理考场，核对每位学生的考试证件，着手组织考试。

17. 在考试过程中，监考教师要认真做好考试工作，遵守以下规定：服从安排，按时监考；坚守岗位，不得离开考场；考场内不准吸烟；不得以任何形式营私舞弊；不得做阅读书报、谈笑或批阅试卷等与监考无关的其他事情。

18. 考试结束后，监考教师应如实填写《考场情况登记表》（如有作弊情况，经监考教师在相关材料上签字确认后，连同作弊学生的试卷及作弊证据一并交系部），由系部汇总后交教务处。

六、成绩评定

19. 凡一门课程由多个教师讲授或使用统一教学大纲在不同系、不同专业班级开设的同一门课程，必须统一阅卷。其他课程一般由主讲教师阅卷。

20. 各课程的主讲教师应在该课程考试结束后三天内集中完成试卷评阅。整体考试成绩应基本呈正态分布。试卷评阅完毕并经复查后，评卷教师应填写《学生成绩册》。

21. 学生成绩一律以百分制整数计，学生成绩册上记载的是课程总评成绩，由平时成绩（占30%）和期终考试成绩（占70%）组成。《体育》课考核方式和成绩评定按学院有关规定进行。

22. 阅卷、统分、成绩册登记工作只能由教师完成，禁止学生参与。学生不得直接找任课教师查卷、查分，若有疑问，可向本系部教务秘书提出，由教务秘书通过任课教师查询。如属错评，需经系部主管领导审核确认，教务处备案后方可更改。

23. 各系部教务秘书应做好学生学业成绩的统计和录入工作。录入教务系统的成绩应是该门课程的结业成绩，未结业课程的成绩由任课教师保存，作为评定结业成绩的依据。教务秘书（并）应在学生放假后一周内，将本系部各班级学生成绩统计表和学生成绩册送交教务处存档。

24. 参加全国英语等级考试、全省非计算机专业计算机水平统考成绩合（及）格者，其成绩可作为相应课程的期末成绩。

七、缓考、（重）补考

25. 结业科目成绩不及格者（课程成绩以学期为单位进行评定。期末总评不及格）以及期末考试按有关规定事先办好"缓考"手续的学生，于下一学期初集中参加缓考、（重）补考。

26. 对学生考核不合格课程，学院给予三次补考（重修重考）机会：第一次为下一学期开学初，第二次为实习离校前，如果经过前两次补考，仍有不及格科目的学生，最后一次机会是每年6月29日或12月29日的肄业生返校补考，选择一次参加。（毕业前，第三次为学生结业后一年之内的6月29日或12月29日）其他时段学生来校补考概不接受。（学生第二、第三次（重）补考必须提前一个星期到学院参加重修）不参加第一次（重修重）补考者只能参加（结业后）的第三次（重修重）补考。

27. 学生缓考、（重）补考后，有关教师应及时评卷，并填写《（重）补考成绩单》，由教务秘书汇总后交教务处备案。属于缓考考试的，任课教师应在成绩单上予以注明。

八、考试违纪处理

28. 在考试考查过程中，有下列情况之一但未构成作弊行为的，视为考试违纪：未带有效的考试证件参加考试；考试迟到未达30分钟又不能说明正当理由或迟到30分钟以上；携带禁带物品进入考场未按规定处理；不听从监考老师调动、指挥或违反考试指令；扰乱考试秩序；擅自变更座位；不按规定时间交卷；带走试卷或答卷；有违反考试规则中的其他行为。

29. 有下列情况之一者视为考试作弊：携带与考试有关的任何其他物品且未按指定位置摆放；偷看书本、笔记或事先准备的资料；左顾右盼或互相交流；传递纸条或偷看邻近考卷；为他人作弊提供方便，以各种方式把本人答卷暗示给别人；两人考卷混在一起；请他人代考或替代他人考试；利用电子器件进行作弊；在座位任意位置及周边可视之处书写与考试内容相关的文字或记号；有其他作弊行为。

30. 学生考试违纪、作弊、成绩不合格按以下办法处理：

① 学生有考试违纪行为，经教育后仍未改正者，取消考试资格或以旷考论处；

② 有作弊行为者当场取消考试资格；

③ 凡因考试违纪或作弊被取消考试资格或以旷考论处者，该门课程以零分计，并在成绩表上注明"违纪""作弊"字样，不能参加正常（重）补考，只能参加毕业前的（重）补考；

④ 考试违纪或作弊者，给予记过以上纪律处分，情节严重的可开除学籍，处理结果由学生所在系部函告其家长；

⑤ 在校期间考试作弊累计两次，或请人代考、替他人代考者，一律作开除学籍处理；

⑥ 一学年有4门以上（含4门）课程（重）补考后仍不及格者，由学生所在系部报教务处审核后及时做好留级工作。

九、附则

31. 凡违反本办法属于教学事故者，按《常德职业技术学院教师教学工作基本规范》执行。

32. 本办法自印发之日起执行，由教务处负责解释，凡与本办法不符的，均以本办法为准。

十三、常德职业技术学院国家职业技能鉴定工作管理暂行办法

常德职业技术学院
国家职业技能鉴定工作管理暂行办法

一、为加强学院职业技能鉴定工作的科学化、规范化管理，提高职业技能鉴定质量，根据《中华人民共和国劳动法》及国家、省市有关规定，结合学院实际，制定本办法。

二、本办法适用于学院在校学生、在职职工及其他需要职业技能鉴定的社会人员等。

三、职业技能鉴定是指按照国家职业技能标准，对相关人员职业技能进行考试、考核，认定其职业资格。职业资格分为：初级、中级、高级、技师、高级技师。

四、学院职业技能鉴定工作是在劳动行政主管部门指导下，由教务处与相

关系部根据实际情况组织实施的。教务处是全院职业技能鉴定工作的主管部门，下设专门组织机构。组织机构经学院按程序申请批准后挂牌成立，名称为常德职业技术学院国家职业技能鉴定所（以下称鉴定所）。

五、鉴定所实行所长负责制。所长由学院分管教学副院长担任；配备副所长两名，由教务处正副处长担任；办公室主任一名，由教务科长担任；成员若干，由有关系部负责职业技能鉴定工作的人员组成。

六、鉴定所应有健全的财务制度和专职财务管理人员，严格执行所在地区财政、物价、劳动保障部门规定的职业技能鉴定收费标准。在收取费用时，必须有省或市劳动、物价部门发给的职业技能鉴定许可证和收费许可证。

七、凡申请进行职业技能鉴定的人员，必须交纳鉴定费。鉴定费实行统一管理、自负盈亏、收支两条线、一支笔审批的原则。收取的职业鉴定费主要用于以下支出：

（一）鉴定场地、设备使用费。

（二）考评、专务人员考务费。

（三）检测设备购置、维修费。

（四）原材料、能源耗损费。

（五）证书、表格印刷费、工本费。

八、需参加职业技能鉴定的学生和相关人员，首选应在相应系部报名、申请，填交有关资料，经审查合格后缴纳一定费用，由鉴定所和省市职业技能鉴定机构进行相应鉴定。申请职业技能鉴定的人员应提交下列证件及资料。

（一）职业技能鉴定申请表。

（二）本人身份证件。

（三）本人资历和能力水平证明。

九、鉴定所负责制定全院职业技能鉴定工作计划，负责组织并参与实施各系部职业技能鉴定工作。具体程序如下：

（一）宣传发动：由教务处负责组织，各相关系部具体发动、宣传。

（二）报名：由各系部负责组织学生报名，并按要求填写报名表，收集各类相关资料。

（三）资格审查：由鉴定所和各部共同组织对学生进行资格审查，然后归纳、整理报名表。

（四）鉴定费：由各系部按物价部门的核定标准收取后，统一交鉴定所。

（五）申请鉴定：由鉴定所向行政主管部门提出申请，并将申请结果及时反馈给各系部。

（六）培训：各系部制订鉴定培训计划，报鉴定所审核后，组织实施。

（七）鉴定考试：由鉴定所组织各相关系部进行。

（八）证书办理：由鉴定所统一到鉴定中心办理证书后，将合格证书转发给系部。

（九）档案管理：各系部将每次技能鉴定档案资料汇整理归档后，一份留系部，一份以电子文档形式上交鉴定所。

十、职业技能鉴定所成立初期，鉴定工作的主要环节仍以常德市劳动部门（主管单位）为主进行，学院职业技能鉴定所协助工作。

十一、鉴定所应不断完善内部管理规定，确保鉴定场所及鉴定设备的安全，及时按照职业（工种）标准要求进行设备更新，努力提高鉴定质量与水平。

十二、本办法自印发之日起执行。

十四、常德职业技术学院实习工作条例（试行）

常德职业技术学院实习工作条例（试行）

第一章 总 则

第一条 实习教学是高等院校教育教学过程的重要组成部分，是面向社会，加强理论联系实际，实现人才培养目标的极为重要的实践教学环节。为了培养学生独立从事实际工作的能力和适应社会的能力，加强实践教学，规范实习教学管理，不断提高人才培养质量，结合我校实际，特制定本条例。

第二章 实习的目的、意义和作用

第二条 通过实习，对学生进行综合训练，巩固和加深专业基本理论知识，使所学理论知识密切联系实际；熟练地掌握各专业基本操作技能；提高发现问题、分析问题、解决问题和独立工作的能力，为毕业以后的职业生涯打下良好的基础。

第三章 实习的组织管理

第三条 各专业实习在学校统一领导下进行，学校成立实践教学委员会，指导全校实习工作。教务处是学校各专业实习的主管机构。各系成立实习教学领导小组，全面负责本系学生的实习工作。各实习单位成立实习教学领导小组，全面负责本单位各专业实习生的实习工作。

第四章 行政处（科）室职责

第四条 教务处职责

1. 组织各系修订、讨论和审定实习计划。
2. 组织各系选择确定实习单位，协调、落实实习单位各专业实习人数，并经常与实习单位领导联系、改善实习条件，巩固和发展协作型教学单位和实习基地。
3. 组织协调全校性实习安排。
4. 组织学生进行实习前的政治思想教育、组织纪律教育、安全教育和专业教育。
5. 组织各系进行实习检查，并与教务处共同进行专业技术指导、成绩考核、实习质量评估。
6. 负责与有关处（科）室联系，编印实习生名册并及时发送各处室。实习生若变更实习地点，及时转告有关处（科）室。
7. 将实习工作与就业工作有机结合，注意收集实习单位用人信息，及时反馈。
8. 审批实习费开支。

第五条 学生处职责

1. 负责对学生进行政治思想教育、组织纪律教育和安全教育。
2. 负责实习生的奖励、处罚。
3. 负责组织优秀实习生评选。
4. 负责牵头，会同教务处协商解决系部解决不了的实习生实习期的纪律、生活等问题。
5. 对于在实习期间违纪的学生，由教务处与各系调查、整理材料，报学生处按有关规定予以处理。
6. 将就业工作与实习工作有机结合，会同教务处处理好就业与实习中的各种问题。
7. 会同招生就业处、教务处、学生处等有关部门处理实习生中发生的较严重的安全事故与违法案件。

第五章 实习教学单位职责

第六条 实习教学单位成立教学领导小组，作为实习教学专业管理机构，由主管领导担任组长，全面负责本单位的实习教学工作。

第七条　实习教学单位负责制定实习教学和实习管理的有关管理制度、职责，督促本单位各科室遵照执行。

第八条　负责挑选业务能力较强、工作认真负责的中级以上职称的专业技术人员（或高水平的技术人员）担任实习带教老师。实习带教教师的人数视实习生的专业、人数而定，并将名单上报学校。每名实习带教老师限带3~5名实习生。

第九条　实习单位负责对实习生的实习进行全程质量监控，根据实习大纲要求，由实习单位统一组织考试考核，将实习生成绩如实记录入实习手册。

第十条　实习单位负责对实习生的组织纪律、教学、安全等方面加强管理，定期检查，发现实习教学中存在的问题及时处理，如不能处理的，及时通报学校，由学校和实习单位共同协商解决。

第十一条　实习单位负责对违纪行为的实习生进行批评教育，对于情节严重的，实习单位提供有关材料，报学校进行处理。

第十二条　实习单位尽可能为实习生提供住宿、生活等必要条件。

第六章　系和各实习领导小组的任务

第十三条　负责组织有关专业教师修改、制定实习计划和实习大纲。各系在每年的上学期修改、制定实习计划和实习大纲。实习大纲的内容包括：①实习目的与任务；②实习内容与要求；③实习程序与时间安排（医学类专业实习时间为：5~10个月；非医学专业实习时间为：3~5个月）；④实习方法与检查方法；⑤理论教学与参观；⑥实习报告（或毕业论文、标准病历）的要求；⑦实习成绩考核的基本要求与综合评分标准等。每年11月30日前将下学年实习计划和实习大纲交教务处组织审阅，报教学工作委员会批准后执行，并在实习前发至每个学生。

第十四条　负责确定实习指导老师。各系应选择业务能力较强，工作认真负责，有一定组织能力的教师担任实习指导老师。各系应视实习生的专业要求和人数挑选2~3名实习指导老师。实习指导老师可视具体工作情况每年调整一次，于每年4月30日前上报教务处。

第十五条　协助教务处认真选择实习单位。选择实习单位应注意：①能基本满足实习大纲的要求；②贯彻"就近到远，相对稳定"的原则；③便于安排师生的食宿；④尽可能节约实习经费；⑤应尽可能与学生就业结合，为学生提供就业机会。

第十六条　参加实习前的准备工作，系主任组织本系专业教师对学生进行专业教育。负责对学生进行实习前的岗位技能强化训练，作好学生实习的各项准备工作。

第十七条　各系应在学生进入实习前，制定出本学年实习检查、专业指导计划（每学年实习检查不少于三次），于每年5月30日前交教务处和招生就业处，以便统一安排。实习检查中，必须全面了解实习情况，加强专业指导，发现问题及时解决。不能解决的问题，要向教务处和招生就业处写出书面报告。检查实习后要写出书面汇报。汇报的内容应包括一般情况、实习单位和实习生中好的典型、存在的问题、提出解决的意见。

第十八条　负责组织对本系实习生进行实习成绩考核，将学生实习成绩按班级统计好交教务处，以便记入学生成绩档案。

第十九条　各系的实习人数计划，由招生就业处统筹安排，在学生进入学习前一个月，招生就业处将各专业实习人数计划分发到各系。各系根据教务处的实习计划负责学生实习的具体分配、安排。于每年实习前三周，将实习安排名单报招生就业处，以便统一打印，通报实习单位。

第二十条　负责实习生在实习期间的思想、纪律、生活等问题，解决不了的，报学保处、教务处。

第七章　实习指导老师职责

第二十一条　实习前应主动与实习单位联系，了解和熟悉情况，收集所需的资料，确定实习带教老师，根据实习计划的要求和实习单位的实际情况，同实习单位主管实习工作的同志拟订实习方案。

第二十二条　实习结束前，实习指导老师应做好学生成绩考核和书面实习小结工作。协助系、室领导修改、制定实习计划和实习大纲。

第二十三条　做好学生的政治思想工作，关心学生的身体健康和生活情况，经常对学生进行安全、保密教育，防止事故发生。

第二十四条　负责与实习单位的联系，及时向实习单位汇报情况，争取实习单位的支持和帮助。

第二十五条　学生在实习期间违反纪律或犯了错误，实习指导老师应及时给予批评教育，对情节严重、影响极坏者，要协助学生处和各系调查处理。

第八章　实习成绩考核规定

第二十六条　实习结束前，实习指导老师会同实习单位有关人员，对实习生进行成绩评定，成绩评定根据学生的实习态度、实习质量和考核成绩予以综合评分。

第二十七条 实习考核成绩的综合评分标准：

优：实习时积极、主动、好学，实习任务完成好，实习报告或病历书写质量高，达到了实习大纲的要求，无差错、事故，有良好的职业道德，能独立完成带教老师布置的任务或对某些问题有独到见解及合理化建议，考核中有较强的表达能力。考核成绩在85分以上。

良：实习期间表现较好，能较好地完成实习任务，实习报告或病历书写达到实习计划的要求，质量较好，无差错、事故，职业道德较好，并能较好地完成实习作业，在考核时能比较圆满地回答问题。考核成绩在75~84分。

及格：实习中表现尚好，达到了实习计划规定的主要要求，能完成实习报告或病历书写，质量一般，无差错、事故，无不良职业道德行为，考核时能正确回答主要问题。考核成绩在60~74分。

不及格：实习期间表现差，未能达到实习大纲所规定的基本要求，实习报告或病历书写马虎或有明显错误，在考核时主要问题解答错误，在工作中造成了事故或有败坏职业道德行为。考核成绩在59分以下。

第二十八条 考核成绩不合格者，必须按实习科目规定的时间延长实习，补足实习内容，成绩及格后，方能毕业。实习成绩仍不及格者，只发结业证书，经过一段时间的工作，申请补考，补考及格后再补发毕业证书。

第九章 对实习生的要求和管理规定

第二十九条 实习生的基本要求

1. 坚持四项基本原则，树立全心全意为人民服务、为社会服务的思想，正确处理好学习与实习、实习与就业、实习与成才等几个基本关系。

2. 严格遵守国家法令法规和校纪校规，遵守实习单位各项规章制度和学校对实习的各项要求，服从实习单位的领导和安排，尊重实习单位的工作人员，积极参加实习单位的各项政治、业务活动和公益活动，坚持体育锻炼，发扬优良的传统和道德风尚。

3. 在实习单位和学校的共同领导、管理下，认真执行实习计划，圆满完成实习任务。

4. 严格遵守带教老师的指导，虚心向带教老师学习，刻苦钻研业务技术，对分配的工作要有高度的责任感和主动精神，不能拣轻怕重，怕苦怕累。

5. 严格遵守各项操作规程。（医学生所开的医嘱、处方和各种证明，发出的药品、报告，都必须经带教老师复核签名。）

6. 遵守社会公德与职业道德，养成文明礼貌的工作习惯，服装穿戴要整齐，要符合学生的社会角色。医学生要有崇高的医德规范，禁止因个人学习需要而增加病人痛苦，给异性病人进行体格检查时应按医院规定执行。

7. 实习中精心操作，爱护公物，若损坏公物和仪器，需赔偿时应由当事人负责；违章操作造成事故或经济损失，概由当事人负责。

8. 实习期间，注意收集资料。在带教教师的指导下，按要求撰写好病历、毕业论文和毕业设计。

第三十条 实习纪律及违纪处理的有关规定

1. 严格遵守学校和实习单位的有关规章制度，坚决服从学校和实习单位的领导和安排。

2. 实习生必须遵守实习单位的作息制度，按时上下班，要求实习生提前5~10分钟到岗，不准迟到早退。严格遵守请假制度，病事假累计超出20学时的，应补足相应请假时间；否则，不予毕业。

3. 实习生必须坚持集体生活。未经学校批准同意，不得到同学、熟人、亲戚家住宿，严禁带外人或异性在集体宿舍住宿。擅自在外住宿者，费用自理，发生意外事故，一切后果自负。情节严重者，学校将根据有关规定给予处理。经同意在外租房者，注意处理好与房东的关系，遵守相互的合约。

4. 实习期间不论何种理由与原因，严禁男女同居。

5. 实习生必须按实习计划在实习单位统一安排下正常轮换科室，不得随意调换科室，更不得借轮科之机，无故不上班。否则，将视为旷实习处理。

6. 实习生因故需转换实习单位的，不得提前离开原实习单位。需写出书面请示，出示接受实习单位证明，上报学校教务处，审批获准后，才能转单位实习，由此产生的一切经费自理，否则，学校视为旷实习处理。

7. 对违反校规校纪和有关规定者，按《常德职业技术学院学生违法、违纪、违规处分条例》等有关规定进行处理。实习期间所犯错误与在校所犯错误合并递级进行处理。

在实习期间无故旷实习者，将根据情节轻重进行教育及处理：

（1）累计旷实习在10学时以内者，给予批评教育或通报批评处分；

（2）累计旷实习10~19学时者，给予警告处分；

（3）累计旷实习20~29学时者，给予严重警告处分；

（4）累计旷实习30~39学时者，给予记过处分；

（5）累计旷实习40~49学时者，给予留校察看处分；

（6）累计旷实习超过50学时（含50学时）者，给予退学处分。

实习期每天按 8 学时计算（含节假日），节假日不查房者，按 4 学时计算。

8. 实习生因表现不好，违反纪律，实习单位拒绝接受其继续进行实习者；或拒绝作实习鉴定者，按实习"不及格"论，一切经费自理，缓发一年毕业证，一年后由用人单位签署意见后再补发。

9. 实习结束后，按规定时间离开实习单位并必须返回家中，不得在实习单位滞留，行前须将室内外卫生打扫干净，搞好有关财物的退还与交接。提前离开实习单位者，一律以旷实习论处。

第三十一条 实习生请假规定

1. 实习期间一般不准请假。因病、因事不能上班者，必须按规定办理有关请假手续。暂时离开实习岗位，须经带教老师同意并告知去向。

2. 请病假者，必须出示实习单位所在地二级以上医院病假证明（医学生应出示所在实习医院病假证明），并由实习单位教学管理部门签署意见，一周内的病假，不得离开实习单位，一周以上，需离开实习单位休养者，须经实习单位实习生主管部门同意后，报学校主管部门批准，才能离开实习单位。

3. 实习期间原则上不准请事假，如有特殊情况（父母亲病危、病故等）须请事假者须写出请假报告，并附原始请假依据，一日内由实习单位领导批准。三日内（含三天）由所在实习单位实习生主管部门批准，超过三日由实习单位实习生主管部门签署意见，报学校主管部门批准，超过七日（含七天）由主管校长批准。

4. 春节原则上安排七天假，具体由实习单位根据情况酌情处理。

5. 实习生因联系工作等原因学校原则上给予二周就业假，请假时间必须安排在 11 月 20 日以后，具体时间由各实习单位根据本单位情况和学生情况给予安排。学生就业假必须与实习单位主管部门办理有关手续，由实习单位进行登记备查。

6. 除学校统一的二周就业假以外，实习生不得再以找工作或其他理由请假。

7. 实习生未经请假或经申请未获批准擅自离开实习岗位者均以旷实习论处；如发现请假事实不真实，一经查实按旷实习论处。

第三十二条 实习鉴定的要求

1. 每个实习生在实习结束后，必须对自己实习期间的思想表现、劳动纪律、业务技能和工作能力，实事求是地做出总结，实习小组在此基础上做出公正、全面、详细的鉴定。

2. 单位意见一栏，由实习组长交实习单位签署意见，注明结束实习的具体日期。加盖公章后，由实习单位寄回学校招生就业处。

3. 实习鉴定表是学生档案的必备材料，必须认真负责地进行全面总结，一律用蓝黑或碳素墨水填写。

4. 实习手册交学生所在系部，供作实习成绩评定依据。

第三十三条 学生实习经费的有关规定

1. 学校原则上允许学生自行联系实习单位。若有特殊情况需自行联系实习的学生，在实习结束后，学生凭在实习单位正式交费收据，学校按上级部门有关规定给予报销，其余一切费用自理。

2. 学校在实习单位外统一租房，但水电费不包含在实习房租费中的实习点，水电费由学校按学生每人每月5元标准支付。若实际费用超出规定，由学生自行支付。

3. 医学生要求到省内三级甲等医院（或省外）实习的，学校只按省物价局、卫生厅相关实习费用标准支付，超出部分及其他费用由学生自行支付。

4. 学生前往实习单位由学校统一组织安排，学生需托运行李每人不得超出40公斤，超出部分的托运费用由学生支付。

第三十四条 实习队（组）长职责

1. 负责带领实习小组成员遵守和执行实习的各项纪律和规定，圆满完成实习任务。

2. 配合实习单位的教学管理部门共同安排好小组成员在各科室实习的具体日程，并督促与检查小组成员实施。

3. 负责审查小组成员的请假理由，并按规定交有关领导批准及检查销假情况，每月必须详细向教务处实习科书面汇报一次实习、学习、生活、考勤情况。

4. 负责向学校和单位反映实习生的要求，贯彻落实学校和实习单位的指示，起到上传下达的作用。

5. 实习结束前一周，负责做好实习鉴定工作，并交单位主管部门代签实习单位意见，盖公章后由实习单位寄回招生就业处。针对本组情况写出全年小组实习总结，交招生就业处。在接到离开单位的通知后，必须按规定的日期带队离开单位，并写出感谢信交实习单位。

6. 负责日常管理，做好后进同学的帮助工作，搞好内部团结。

第三十五条 本条例自公布之日起执行，适合医学与非医学各类实习生。在实施过程中，若与上级部门有关规定、政策相矛盾时，按上级规定、政策执行。

第三十六条 本条例的解释权属院实践教学委员会。

十五、常德职业技术学院学生毕业设计管理办法

常德职业技术学院学生毕业设计管理办法

第一章 总 则

第一条 为进一步加强学生毕业设计的管理，规范学院的毕业设计工作，确保学生毕业设计的质量，根据省教育厅有关高等职业院校学生毕业设计的有关要求，结合学院实际，特制订本办法。

第二条 本办法中所称"毕业设计"指学生毕业学年在指导教师的指导下，独立完成的一项综合性实训项目，以产品制作、工艺设计、方案设计、成果转化、科研课题等形式展现的可评价的成果。意在培养学生综合运用所学专业知识和专业技能解决专业领域中实际问题的能力。

第三条 本办法适用全院全日制三年制、五年制大专学生。

第二章 管理机构与职责

第四条 学院成立学生毕业设计工作领导小组。组长由学院分管教学副院长担任，成员由教务处、现教中心、招生办和招收有全日制学历教育学生的各系、部、中心（以下统称各单位）主要负责人组成。其主要职责是负责全院毕业设计工作的组织、领导和协调工作。

第五条 教务处在工作领导小组的统一领导下，负责全院毕业设计工作的宏观管理与监控。主要职责是：建立健全学院毕业设计工作管理制度；组织协调全院毕业设计工作，监控全院毕业设计质量，对各单位毕业设计工作进行检查与考核；对全院毕业设计工作进行总结。

第六条 现教中心在领导小组的领导下，负责全院毕业设计工作网络技术支持与服务，负责职教新干线空间账号的分配和管理；进一步探索利用其他免费空间展示平台的使用；明确一名技术骨干为各单位和学生上传资料提供技术指导。

第七条 招生办在领导小组的领导下，协助有关单位搞好学籍变更及毕业证电子注册等相关工作。

第八条 各单位应成立毕业设计工作领导小组，系主任担任组长，是第一责任人，并明确一名副主任主管此项工作，明确一名专干负责具体的日常工作。完善相关制度，明确相应职责。专任教师、班主任、辅导员应积极参与学生毕业设计的指导和管理，服从安排，认真履行相应的职责。

第三章 毕业设计工作的制度建设

第九条 学院制定并颁布《常德职业技术学院学生毕业设计管理办法》《常德职业技术学院学生毕业设计工作管理机构及职责》《常德职业技术学院学生毕业设计工作及学生毕业设计成果检查与考核办法》等规范性文件。

第十条 各单位应依照省教育厅和学院有关文件精神制定本单位的相关制度文件：《管理机构及职责》《专业毕业设计标准》《专业学生毕业设计成绩评价标准与计分办法》《指导教师指导毕业设计工作的考核办法》及年度各专业毕业设计工作的内容分解、质量标准、进度安排等。

第四章 毕业设计的课程定位

第十一条 "毕业设计"作为一门必修课程列入专业人才培养方案，一般安排在毕业学年实施，包括下达任务、指导选题、组织实施、答辩与成绩评定等环节，原则上集中安排，教学时长根据各专业的特点合理确定。

第十二条 学生毕业设计成绩不合格，视为一门必修课不合格，不能正常毕业。

第五章 毕业设计选题

第十三条 各专业应建立毕业设计选题库，选题库中的选题数量根据办学规模确定，原则上应保证同一选题每年最多不超过3名学生同时使用，每年更新30%左右，每4年全部更新一次。

第十四条 毕业设计选题应符合本专业培养目标，尽量贴近生产、生活实际或来源于现场实际项目，能体现学生进行需求分析、信息检索、方案设计、资源利用、作品（产品）制作、成本核算等能力和安全环保、创新协作等意识的培养要求，有助于培养学生综合运用所学专业知识解决专业领域中实际问题的能力。

第十五条 毕业设计选题的难度和工作量要适当并切实可行，使学生在指导教师的指导下，在规定时间内经努力能按时完成。

第六章 学生毕业设计的基本要求

第十六条 每位学生进行毕业设计的完整过程依次应包含选题、制定任务书、制定设计方案、方案实施、形成作品（产品）、制作成果报告书、教师评阅、答辩、成绩评定等基本环节。

第十七条 学生按照审定的毕业设计方案独立完成设计任务，充分发挥主动性和创造性，实事求是，不得弄虚作假，不得抄袭他人的设计成果，成果具有独创性。

第十八条 毕业设计方案及实施应具有可行性、完整性和可靠性，做到方案完整、规范、科学。能确保项目顺利完成，技术原理、理论依据和技术规范选择合理；设计项目启动、设计任务规划、资料查阅、参数确实、设计方案拟定、设计方案修订、设计成果成型等基本过程及其过程性结论等记录完整；技术标准运用正确，分析、推导逻辑性强，有关参数计算准确，中间数据翔实、充分、明确、合理，引用的参考资料、参考方案等来源可靠。

第十九条 毕业设计作品（产品）应具有科学性、规范性、实用性。保证设计作品（产品）充分应用了本专业新知识、新技术、新工艺、新材料、新方法、新设备，各要素完备，表达准确；完整体现了设计任务书的规定要求，相关表述符合行业标准的要求；作品（产品）有创意，可以有效解决生产、生活中的实际问题。

第二十条 毕业设计成果报告书应全面总结毕业设计的过程、收获、作品（产品）特点等内容。

第二十一条 学生展示空间注册采用实名制，在"毕业设计展示栏目"中依次上传任务书、设计方案、作品（产品）、成果报告书、毕业设计评阅表、答辩记录、成绩评定表等内容，不得上传与毕业设计无关的内容，严禁上传或发布非法反动内容，严禁散布、传播谣言，不发表低级庸俗的言论和图片。

第七章　教师对学生毕业设计的指导

第二十二条 毕业设计指导教师原则上应具有中级以上（含中级）专业技术职称，指导教师确定后一般不能变动。

第二十三条 为保证毕业设计质量，在指导教师数量足够的情况下，每位指导教师指导学生人数不超过 15 人。

第二十四条 鼓励企业专家参与学生毕业设计工作，积极探索毕业设计"双导师"制。

第二十五条 指导教师负责学生毕业设计全过程的指导、检查、监督，对每一环节进行审查，提出修改意见，符合要求后方可进入下一环节。

第二十六条 从 2016 年开始，在原毕业设计答辩课时津贴标准不变的基础上，增设毕业设计指导津贴，按每个学生 80 元的标准发放（人数为毕业设计成绩合格总人数），专业人才培养方案中的《毕业设计》课程不另行计算课时津贴。

第八章 学生毕业设计的成绩评定

第二十七条 学生毕业设计成绩由过程评价、成果评价、答辩评价三部分组成，各占总评成绩的30%、50%、20%，最终成绩以100分制计。

第二十八条 过程评价成绩在学生毕业设计成果完成后由指导教师根据学生毕业设计全过程的综合表现确定。

第二十九条 成果评价成绩由评阅小组成员（不少于3人）审阅学生毕业设计的作品（产品）后根据评分标准确定。

第三十条 答辩评价成绩由答辩小组根据学生在答辩过程中的陈述和回答问题的表现根据评分标准确定。

第三十一条 毕业设计总评成绩不合格的学生（＜60分），允许申请随下一届学生重做一次毕业设计。

第三十二条 毕业设计成绩作为一门必修课，学生成绩应录入学生成绩管理系统，成绩汇总表纸质稿交教务处存档。

第九章 对毕业设计工作的考核

第三十三条 各单位学生毕业设计完成后，向教务处提交"毕业设计工作"栏目链接地址和"学生毕业设计成果"汇总列表。教务处组织各单位开展交叉检查，并将互查结果及时反馈。

第三十四条 教务处在学院内组织专家对各单位的毕业设计工作进行全面检查，对学生毕业设计成果进行抽查，结果向全院公布，并纳入期末教学检查考核的范畴。具体办法另行制定。

第十章 奖励与问责机制

第三十五条 各单位对参与学生毕业设计的指导老师、班主任等人员要进行量化考核，做到考核结果与评先评优、指导津贴挂钩。

第三十六条 在全省毕业设计抽查中，全院综合排名在前20名（含第20名）内，学院对该项工作给予奖励。

第三十七条 在全省毕业设计抽查中，全院综合排名在后10名内，教务处及学院专家抽查结果综合排名在后3位的单位主要负责人、分管负责人、专干取消当年的评先评优资格。

第三十八条 全院毕业设计在全省毕业设计抽查中"不合格"（<60分），教务处及学院专家抽查结果综合排名在后3位的单位主要负责人取消当年的评先评优资格，学院将追究相关责任。

第三十九条 本办法自发布之日起实施，解释权归学院教务处。

十六、常德职业技术学院年度先进班集体、优秀团支部评选评比办法

常德职业技术学院年度先进班集体、优秀团支部评选评比办法

一、评比条件

（一）先进班集体

1. 班干部政治觉悟高，能起模范带头作用，认真完成院、系布置的任务，工作责任心强，团结协作好。

2. 全班同学学习自觉性强，能互相关心、互帮互学，在期中期末考试中平均成绩高，在学科竞赛中成绩好。

3. 全班同学能严格遵守校纪校规，积极参加争当"三好"活动，无违法乱纪和打架斗殴、赌博等不良行为。

4. 文体、课外业余活动健康且丰富多彩，全班体育达标状况良好，在院系体育竞赛中成绩较好，学生健康状况良好。

5. 根据一学年来院系学生会组织的班级月评比成绩进行班级工作综合排名，年度内综合排名为前15%。

（二）优秀团支部

1. 团干部政治觉悟高，能起模范带头作用，认真完成院团委、系团总支布置的任务，工作责任心强，团结协作好。

2. 全班同学积极要求上进，学习自觉性强，能互相关心、互帮互学，班风正，学风好。

3. 全班同学能严格遵守校纪校规，积极参加"争先创优"活动，第二课堂活动健康且丰富多彩，无违法乱纪和打架斗殴、赌博等不良行为。

4. 根据一学年来院、系团委会组织的团支部月评比成绩进行支部工作综合排名，年度内综合排名为前15%。

二、评比名额、奖励办法

1. 先进班集体、优秀团支部额控制在班级数、团支部数的15%以内。

2. 每学年评选一次，每年9月份进行评比。

3. 学院对先进班集体、优秀团支部给予精神鼓励、物质奖励。

十七、常德职业技术学院三好学生、优秀学生干部、优秀团员、优秀团员干部评比办法

常德职业技术学院三好学生、优秀学生干部、优秀团员、优秀团员干部评比办法

为了全面贯彻党的教育方针，提高学生综合素质，树立典型，激励广大青年学生勤奋学习、健康成长，特制定本办法：

一、评选条件

（一）三好学生、优秀团员评选条件：

1. 坚持四项基本原则，积极上进，德育操行成绩优秀。

2. 学习目的明确，学习态度端正，勤奋好学，刻苦钻研，有较强的解决问题和分析问题的能力；参评学年学习成绩平均在80分以上，单科成绩不低于75分，考核成绩良好；积极参加实验和实习劳动，实验、实习和设计课程成绩良好。

3. 积极参加体育锻炼，身体健康，体育课成绩优良。

（二）优秀学生干部、优秀团员干部评选条件：

1. 坚持四项基本原则，积极上进，德育操行成绩优秀。

2. 学习目的明确，学习态度端正，勤奋好学，刻苦钻研，参评学年学习成绩平均75分以上，单科成绩不低于65分，考核成绩（含实验、实习、设计等）良好以上。

3. 能模范地遵章守纪，严格执行学校各项规章制度，热心为同学服务，工作责任感强，有较强的组织领导能力，能出色地完成学校交给的各项工作任务。

4. 热爱劳动，生活俭朴，工作扎实，作风民主，善于团结同学，办事公道、正派，协作精神好，敢于开展批评与自我批评，有较好的群众基础。

5. 积极参加体育锻炼，身体健康，体育课成绩达标。

二、评比名额、奖励办法

1. 各系部个人评先总额控制在全日制在校生的15%以内。

2. 每学年评选一次，每年9月份进行评比。

3. 学院对评先、评优的个人、班集体给予精神鼓励、物质奖励。

三、本办法由学生处负责解释，自公布之日起执行。

十八、常德职业技术学院优秀毕业生评选办法

常德职业技术学院优秀毕业生评选办法

为激励和调动在校学生勤奋学习，积极向上，全面提高自身素质，塑造当代大学生良好形象，争做建设社会主义合格接班人，特制定本办法。

一、评选条件

1. 认真学习马列主义、毛泽东思想、邓小平理论和"三个代表"重要思想。
2. 拥护共产党领导，坚持四项基本原则，具有共产主义和中国特色社会主义的理想信念。
3. 爱国守法，团结友爱，模范遵守《高等学校学生行为准则》，师生反映良好。
4. 学习刻苦，目的明确，具有扎实的理论基础和较强的分析解决问题的能力。
5. 积极参加学院组织的社会公益活动，身体健康。
6. 在校期间获得过院级（及院级）以上"三好学生""优秀学生干部"。

二、评选对象

所有应届毕业生（含成人教育毕业生）

三、评选名额

各系按毕业生总人数的15%评选。

四、评选要求

各系要高度重视评选优秀毕业生工作，把此项工作作为毕业生就业工作的重要内容来抓，加强组织领导。要成立优秀毕业生评选领导组，要做到评选条件、名额、结果公开，广泛征求教师、学生的意见，切实保证优秀毕业生评选的质量。

五、评选时间

每年六月份评选一次。

第三章

资助政策

一、高等学校学生资助政策简介

高等学校学生资助政策简介

一、高校家庭经济困难学生资助政策体系

教育公平是社会公平的重要基础，是国家的基本教育政策。党中央、国务院高度重视家庭经济困难学生就学问题，将建立健全国家学生资助政策体系，保障所有家庭经济困难学生都有平等接受教育的机会，作为促进教育公平的重要举措和途径。通过国家资助切实减轻困难家庭供应子女上学的经济负担，传递党和政府的关怀、社会主义大家庭的温暖，是保障和改善民生的重要举措；通过国家资助让每一个家庭经济困难学生都能成为有用之才，帮助家庭经济困难学生消除贫困代际传递，是实现国家长治久安、建设社会主义和谐社会的本质要求；通过国家资助保障每个公民的受教育权利，对于巩固义务教育普及成果、加快普及高中阶段教育步伐、进一步提升高等教育大众化水平具有重要作用，这是我国教育事业科学发展、建设人力资源强国的迫切需要。

2007年5月，国务院出台《关于建立健全普通本科高校、高等职业学校和中等职业学校家庭经济困难学生资助政策体系的意见》（国发〔2007〕13号），高等学校家庭经济困难学生资助政策体系得到了较大完善。2010年《国家中长期教育改革和发展规划纲要（2010—2020年）》颁布实施后，国家密集出台了一系列高校学生资助政策和措施，高等学校家庭经济困难学生资助政策体系得以进一步完善，在制度上保障了高校家庭经济困难学生顺利入学并完成学业。

1. 高校家庭经济困难学生资助政策体系主要内容

目前，国家在高等教育阶段建立起国家奖学金、国家励志奖学金、国家助学金、国家助学贷款（包括校园地国家助学贷款和生源地信用助学贷款）、师范生免费教育、退役士兵教育资助、学费补偿助学贷款代偿、新生入学资助项目、勤工助学、学费减免等多种形式有机结合的高校家庭经济困难学生资助政策体系。家庭经济困难学生考入大学，首先可通过学校开设的"绿色通道"按时报到。入校后，学校对其家庭经济困难情况进行核实，采取不同措施给予资助。其中，解决学费、住宿费问题，以国家助学贷款为主，以国家励志奖学金等为辅；解决生活费问题，以国家助学金为主，以勤工助学等为辅。此外，国家还积极引导和鼓励社会团体、企业和个人面向高校设立奖学金、助学金，共同帮助高校家庭经济困难学生顺利入学并完成学业。

2. 高校家庭经济困难学生

家庭经济困难学生是指学生本人及其家庭所能筹集到的资金，难以支付其在校学习期间学习和生活基本费用的学生。学生需向学校申报家庭经济困难，由学校根据有关部门设置的标准和规定的程序，以民主评议方式认定。学生在申请家庭经济困难认定时，必须提交家庭所在地的乡（镇）或街道民政部门加盖公章予以确认的《高等学校学生及家庭情况调查表》（见本简介插页附表），证明自己的家庭经济状况。

3. 高校资助政策实施范围

公办普通本科高校、高等职业学校和高等专科学校的全日制普通本专科（含高职、第二学士学位）在校学生，符合国家规定条件的，享受国家的资助政策。按照国家有关规定规范办学、从事业收入中足额提取4%～6%的经费用来资助家庭经济困难学生的民办高校（含独立学院）招收的全日制普通本专科（含高职、第二学士学位）学生，符合国家规定条件的，也可享受国家资助政策，具体办法由各省（自治区、直辖市）依据国家有关规定制订。

二、国家助学金

国家助学金是为了体现党和政府对普通本科高校、高等职业学校和高等专科学校家庭经济困难学生的关怀，由中央与地方政府共同出资设立的，用于资助家庭经济困难的全日制普通本专科（含高职、第二学士学位）在校学生的助学金。

1. 资助标准

全国平均每人每年3 000元。具体标准，中央高校由财政部商有关部门确定，地方高校由各省（自治区、直辖市）确定。

2. 基本申请条件

① 热爱社会主义祖国，拥护中国共产党的领导。

② 遵守宪法和法律，遵守学校规章制度。

③ 诚实守信，道德品质优良。

④ 勤奋学习，积极上进。

⑤ 家庭经济困难，生活俭朴。

3. 申请、评审和发放

国家助学金每学年评定一次。每年 9 月 30 日前，学生向学校提出申请，各高校于当年 11 月 15 日前完成评审。国家助学金各年按 10 个月发放，高校按月将国家助学金发放到受助学生手中。

4. 相关事项

同一学年内，申请并获得国家助学金的学生，可同时申请并获得国家奖学金或国家励志奖学金。试行免费教育的教育部直属师范院校师范类专业学生，不再同时获得国家助学金。

三、国家励志奖学金

国家励志奖学金是为了激励普通本科高校、高等职业学校和高等专科学校的家庭经济困难学生勤奋学习、努力进取，在德、智、体、美等方面全面发展，由中央和地方政府共同出资设立的，奖励资助品学兼优的家庭经济困难学生的奖学金。

1. 奖励标准

每人每年 5 000 元。

2. 基本申请条件

二年级以上（含二年级）的全日制普通本专科（含高职、第二学士学位）在校生，符合以下条件：

① 热爱社会主义祖国，拥护中国共产党的领导。

② 遵守宪法和法律，遵守学校规章制度。

③ 诚实守信，道德品质优良。

④ 在校期间学习成绩优秀。

⑤ 家庭经济困难，生活俭朴。

3. 申请、评审和发放

国家励志奖学金每学年评选一次，实行等额评审。每年 9 月 30 日前，学生向学校提出申请，各高校于当年 10 月 31 日前完成评审。高校每年 11 月 30 日前将国家励志奖学金一次性发放给获奖学生，并记入学生的学籍档案。

4. 相关事项

同一学年内，申请国家励志奖学金的学生可以同时申请并获得国家助学金，但不能同时获得国家奖学金。试行免费教育的教育部直属师范院校师范类专业学生不再同时获得国家励志奖学金。

四、国家奖学金

国家奖学金是为了激励普通本科高校、高等职业学校和高等专科学校学生勤奋学习、努力进取，在德、智、体、美等方面全面发展，由中央政府出资设立的奖励特别优秀学生的奖学金。

1. 奖励标准

每人每年 8 000 元。

2. 基本申请条件

二年级以上（含二年级）的全日制普通本专科（含高职、第二学士学位）在校生，符合以下条件：

① 热爱社会主义祖国，拥护中国共产党的领导。

② 遵守宪法和法律，遵守学校规章制度。

③ 诚实守信，道德品质优良。

④ 在校期间学习成绩优异，社会实践、创新能力、综合素质等方面特别突出。

3. 评审和发放

国家奖学金每学年评选一次，实行等额评审。各高校于每学年开学初启动评审工作，当年10月31日前完成评审。高校每年11月30日前将国家奖学金一次性发放给获奖学生，颁发国家统一印制的奖励证书，并记入学生的学籍档案。

4. 相关事项

学生无论家庭经济是否困难，只要符合规定条件，均可获得国家奖学金。同一学年内，获得国家奖学金的家庭经济困难学生可以同时申请并获得国家助学金，但不能同时获得国家励志奖学金。试行免费教育的教育部直属师范院校师范类专业学生符合规定条件的，可以获得国家奖学金。

五、国家助学贷款

国家助学贷款是由政府主导，金融机构向高校家庭经济困难学生提供的信用助学贷款，帮助解决在校期间的学习和生活费用。国家助学贷款利率执行中国人民银行同期公布的同档次基准利率，不上浮。贷款学生在校期间的国家助学贷款利息全部由财政支付，毕业后的利息由借款人全额支付。为鼓励金融机构承办国家助学贷款的积极性，建立贷款风险分担机制，财政（高校）对经办银行给予一定的风险补偿。国家助学贷款是信用贷款，学生不需要办理贷款担保或抵押，但需要承诺按期还款，并承担相关法律责任。按照学生申办地点及工作流程不同，国家助学贷款分为校园地国家助学贷款与生源地信用助学贷款两种模式。

（一）生源地助学贷款

家庭经济困难的全日制普通高校本专科生（含高职生）、第二学士学位学生和研究生，通过本校学生资助部门向经办银行申请办理的国家助学贷款。

1. 申请条件

普通高等学校全日制本专科生（含高职生）、第二学士学位学生和研究生，具备以下条件可以申请国家助学贷款：

① 家庭经济困难。

② 具有中华人民共和国国籍，年满16周岁的需持有中华人民共和国居民身份证。

③ 具有完全民事行为能力（未成年人申请国家助学贷款须由其法定监护人书面同意）。

④ 诚实守信，遵纪守法，无违法违纪行为。

⑤ 学习努力，能够正常完成学业。

2. 申请材料

学生在新学年开学后通过学校向银行提出贷款申请。需要提供以下材料：

① 国家助学贷款申请书。

② 本人学生证和居民身份证复印件（未成年人提供法定监护人的有效身份证明和书面同意申请贷款的证明）。

③ 本人对家庭经济困难情况的说明。

④ 学生家庭所在地有关部门出具的家庭经济困难证明。

3. 申请金额

原则上每人每学年最高不超过8 000元。

4. 贷款审批

学校学生资助等部门负责对学生提交的国家助学贷款申请进行资格审查，并核查学生提交材料的真实性和完整性；银行负责最终审批学生的贷款申请。

5. 贷款发放

国家助学贷款实行一次申请、一次授信、分期发放的方式，即学生可以与银行一次签订多个学年的贷款合同，但银行要分年发放。一个学年内的学费、住宿费贷款，银行应一次性发放。

6. 贷款利息

国家助学贷款利率执行中国人民银行同期公布的同档次基准利率。贷款学生在校学习期间的国家助学贷款利息全部由财政补贴，毕业后的利息由贷款学生本人全额支付。

7. 还款期限

学生根据个人毕业后的就业和收入情况，在毕业后的1~2年内选择开始偿还本金的时间，六年内还清贷款本息。

8. 违约后果

① 国家助学贷款的借款学生如未按照与经办银行签订的还款协议约定的期限、数额偿还贷款，经办银行将对其违约还款金额计收罚息。

② 经办银行将违约情况录入中国人民银行的个人信用信息基础数据库，供全国各金融机构依法查询。对恶意拖欠贷款的违约借款人采取限制措施，不予提供住房贷款、汽车贷款等金融服务。

③ 对于连续拖欠还款行为严重的借款人，有关行政管理部门和银行将通过新闻媒体和网络等信息渠道公布其姓名、居民身份证号码、毕业学校及具体违约行为等信息。

④ 严重违约的贷款人还将承担相关法律责任。

（二）生源地信用助学贷款

家庭经济困难的全日制本专科生（含高职生）、第二学士学位学生和研究生，通过户籍所在县（市、区）的学生资助管理机构申请办理（有的地区直接到相关金融机构申请）的国家助学贷款。学生和家长为共同借款人，共同承担还款责任。

1. 申请条件

① 具有中华人民共和国国籍。

② 诚实守信，遵纪守法。

③ 已被根据国家有关规定批准设立、实施高等学历教育的全日制普通本科高校、高等职业学校和高等专科学校（含民办高校和独立学院，学校名单以教育部公布的为准）正式录取，取得真实、合法、有效的录取通知书的新生或高校在读的本专科学生、研究生和第二学士学生。

④ 学生本人入学前户籍、其父母（或其他法定监护人）户籍均在本县（市、区）。

⑤ 家庭经济困难，所能获得的收入不足以支付在校期间完成学业所需的基

本费用。

2. 办理程序

生源地信用助学贷款按年度申请、审批和发放。学生在新学期开始前,向家庭所在县(市、区)的学生资助管理中心提出贷款申请(有的地区直接到相关金融机构申请)。县级学生资助管理中心负责对学生提交的申请进行资格初审。金融机构负责最终审批并发放贷款。

3. 贷款金额

借款人每学年申请的贷款金额原则上不超过8 000元。

4. 贷款利息

生源地信用助学贷款利率执行中国人民银行同期公布的同档次基准利率,不上浮。学生在校期间的利息由财政全部补贴,毕业后的利息由学生和家长(或其他法定监护人)共同负担。

5. 还款期限和还款方式

生源地信用助学贷款期限原则上按全日制本专科学制加13年确定,最长不超过20年。学制超过4年或继续攻读研究生学位、第二学士学位的,相应缩短学生毕业后的还贷期限。学生在校及毕业后两年期间为宽限期,宽限期后由学生和家长(或其他法定监护人)按借款合同约定,按年度分期偿还贷款本息。

六、师范生免费教育

从2007年秋季入学的新生起,国家在北京师范大学、华东师范大学、东北师范大学、华中师范大学、陕西师范大学和西南大学六所教育部直属师范大学实行师范生免费教育。免费教育师范生在校学习期间,免除学费、免缴住宿费,并补助生活费。

1. 享受条件

2007年开始,录取为部属师范大学免费师范生的学生,入学前与学校和生源所在地省级教育行政部门签订协议,承诺毕业后从事中小学教育十年以上。2007年起,新招收的有志从教并符合条件的非师范专业优秀学生,在入学两年内,也可在教育部和学校核定的计划内转入师范专业,并由学校按标准返还学费、住宿费,补发生活费补助。

2. 履行义务

享受师范生免费教育的学生毕业后,一般回生源所在省份中小学任教,并从事中小学教育十年以上。到城镇学校工作的免费师范毕业生,应先到农村义务教育学校任教服务两年。国家鼓励免费师范毕业生长期从教,终身从教。免费师范生毕业前及在协议规定服务期内,一般不得报考脱产研究生。

3. 优惠政策

① 由中央财政负责安排免费师范生在校学习期间的学费、住宿费和生活费补助。

② 在相关省级政府统筹下，由省级教育行政部门负责落实免费师范毕业生的教师岗位，确保每一个免费师范生毕业后在中小学任教有编有岗。

③ 免费师范毕业生在协议规定服务期内，可在学校间流动或从事教育管理工作。

④ 为免费师范毕业生在职攻读教育硕士提供便利的入学条件，任教考核合格并通过论文答辩的，颁发硕士研究生毕业证书和教育硕士专业学位证书。

七、退役士兵教育资助

从2011年秋季学期开始，对退役一年以上，考入全日制普通高等学校（包括全日制普通本科学校、全日制普通高等专科学校和全日制普通高等职业学校）的自主就业退役士兵，根据本人申请，由政府给予教育资助。

1. 资助内容

一是学费资助；二是家庭经济困难退役士兵学生生活费资助；三是其他奖助学金资助。

2. 资助标准

学费资助标准，按省级人民政府制定的学费标准，原则上退役士兵学生应交多少学费中央财政就资助多少，最高不超过年人均8 000元，高于8 000元部分自行负担。生活费及其他奖助学金资助标准，按国家现行高校学生资助政策的有关规定执行。

3. 资助方式

学费由中央财政按标准和隶属关系补助退役士兵学生所在学校，生活费及其他奖助学金直接补给退役士兵学生本人。

4. 资助期限

全日制普通高等学历教育一个学制期。

八、赴基层单位就业高等学校毕业生学费补偿国家助学贷款代偿

从2009年起，国家对中央部门所属全日制普通高等学校应届毕业生，自愿到中西部地区和艰苦边远地区基层单位就业、服务期达到3年以上（含3年）的，实施相应的学费补偿国家助学贷款代偿。学生毕业后每年补偿学费或代偿国家助学贷款的最高金额不超过6 000元，分三年补偿代偿完毕。

基层单位指：

① 中西部地区和艰苦边远地区县以下机关、企事业单位，包括乡（镇）政

府机关、农村中小学、国有农（牧、林）场、农业技术推广站、畜牧兽医站、乡镇卫生院、计划生育服务站、乡镇文化站等。

② 工作现场地处中西部地区和艰苦边远地区县以下的气象、地震、地质、水电施工、煤炭、石油、航海、核工业等中央单位艰苦行业生产第一线。

地方所属高等学校毕业生基层就业学费补偿国家助学贷款代偿，按各省（自治区、直辖市）有关规定执行。

九、应征入伍服义务兵役高等学校学生学费补偿国家助学贷款代偿及学费资助

从2009年起，国家对应征入伍服义务兵役的高等学校毕业生，按照实际缴纳的学费或申请的国家助学贷款，实施一次性补偿或代偿。每学年补偿或代偿的最高金额不超过6 000元。

从2011秋季学期起，国家对应征入伍服义务兵役的高等学校在校生，按照实际缴纳的学费或申请的国家助学贷款，实施一次性补偿或代偿。退役后复学的原高校在校生按照应缴纳的学费实施资助。每学年补偿、代偿和资助的最高金额不超过8 000元。

所有参军入伍的高校学生必须上网登记报名（网址：http：//zbbm.chsi.com.cn或http：//zbbm.chsi.cn），填写打印《应征入伍高校毕业生学费补偿国家助学贷款代偿申请表》《应征入伍高校在校生学费补偿国家助学贷款代偿申请表》或《应征入伍高校复学学生学费资助申请表》，办理相应的学费补偿贷款代偿或学费资助申请。

十、高校家庭经济困难新生入学资助项目

从2012年秋季学期起，中央财政利用中央专项彩票公益金，设立了普通高校家庭经济困难学生入学资助项目，用于一次性补助高校家庭经济困难新生入校报到的交通费及入学后的短期生活费。

1. 资助范围与对象

中西部地区每年高考考入全日制普通高等院校的家庭经济困难新生。

本项目所指中西部地区具体包括：河北省、山西省、内蒙古自治区、吉林省、黑龙江省、安徽省、江西省、河南省、湖北省、湖南省、广西壮族自治区、海南省、重庆市、四川省、贵州省、云南省、西藏自治区、陕西省、甘肃省、宁夏回族自治区、青海省、新疆维吾尔自治区、新疆生产建设兵团。

2. 资助标准

省内院校录取新生每人500元，省外院校录取新生每人1 000元。

3. 申请条件

① 热爱祖国，拥护中国共产党领导。

②遵守宪法和法律，遵守学校规章制度。

③普通高中应届毕业生。

④参加高考并被全日制普通高等院校（含高职）录取。

⑤家庭经济困难，生活俭朴。

入学资助项目优先资助孤残学生、父母丧失劳动能力学生、少数民族学生、烈士子女、单亲家庭经济困难学生、农村绝对贫困家庭学生、享受城镇居民最低生活保障政策家庭和因突发事件导致家庭经济困难学生、农村计划生育独生子女和双女户家庭学生等。

符合上述条件的学生可向当地县级教育部门咨询办理。

十一、勤工助学

勤工助学是指学生在学校的组织下利用课余时间，通过自己的劳动取得合法报酬，用于改善学习和生活条件的社会实践活动。勤工助学是学校学生资助工作的重要组成部分，是提高学生综合素质和资助家庭经济困难学生的有效途径。

1. 活动管理

学生在学有余力的前提下，向学校提出勤工助学的申请，接受必要的勤工助学岗前培训和安全教育，再由学校统一安排到校内或校外的岗位上进行勤工助学活动。学校不得安排学生参加有毒、有害和危险的生产作业以及超过身体承受能力、有碍健康的劳动。任何单位和个人未经学校同意，不得聘用在校学生打工。

2. 时间安排

学生参加勤工助学不应当影响学业，原则上每周不超过8小时，每月不超过40小时。

3. 劳动报酬

学生参加校内固定岗位的勤工助学，其劳动报酬由学校按月计算。每月40个工时的酬金原则上不低于当地政府或有关部门制定的最低工资标准或居民最低生活保障标准，可以适当上下浮动。学生参加校内临时岗位的勤工助学，其劳动报酬由学校按小时计算。每小时酬金原则上不低于8元人民币。学生参加校外勤工助学的酬金标准不低于学校所在地政府或有关部门规定的最低工资标准，具体数额由用人单位、学校与学生协商确定，并写进聘用协议。

4. 权益保护

学生在开始勤工助学活动前应当与有关单位签订协议，保护自身的合法权益。学生在进行校内勤工助学前，应当与学校的学生勤工助学管理服务组织签

第三章 资助政策

订具有法律效力的协议书。学生在进行校外勤工助学前,应当与代表学校的学生勤工助学管理服务组织、用人单位签订具有法律效力的三方协议书。协议书应当明确学校、用人单位和学生三方的权利和义务,意外伤害事故的处理办法以及争议解决方法。

十二、其他资助政策与措施

1. 学费减免

国家对公办全日制普通高校中家庭经济特别困难、无法缴纳学费的学生,特别是其中的孤残学生、少数民族学生及烈士子女、优抚家庭子女等,实行减免学费政策。具体减免办法由学校制订。

2. 辅助措施

各高校利用自有资金、社会组织和个人捐赠资金等,设立奖学金、助学金;对发生临时困难的学生发放特殊困难补助等。

3. "绿色通道"

为切实保证家庭经济困难学生顺利入学,教育部、国家发改委、财政部规定各全日制普通高等学校都必须建立"绿色通道"制度,即对被录取入学、家庭经济困难的新生,学校一律先办理入学手续,然后再根据核实后的情况,分别采取不同办法予以资助。

二、普通本科高校、高等职业学校国家奖学金管理暂行办法

普通本科高校、高等职业学校国家奖学金管理暂行办法

第一章 总 则

第一条 为激励普通本科高校、高等职业学校学生勤奋学习、努力进取,在德、智、体、美等方面得到全面发展,根据《国务院关于建立健全普通本科高校、高等职业学校和中等职业学校家庭经济困难学生资助政策体系的意见》(国发〔2007〕13号),制定本办法。

第二条 本办法所称普通本科高校、高等职业学校是指根据国家有关规定批准设立、实施高等学历教育的全日制普通本科高等学校、高等职业学校和高等专科学校(以下简称高校)。

第三条 国家奖学金由中央政府出资设立,用于奖励高校全日制本专科(含高职、第二学士学位)学生(以下简称学生)中特别优秀的学生。

中央高校国家奖学金的名额由财政部商有关部门确定。地方高校国家奖学

金的名额由各省（自治区、直辖市）根据财政部、教育部确定的总人数，以及高校数量、类别、办学层次、办学质量、在校本专科生人数等因素确定。在分配国家奖学金名额时，对办学水平较高的高校、以农林水地矿油核等国家需要的特殊学科专业为主的高校予以适当倾斜。

第二章 奖励标准与基本条件

第四条 国家奖学金的奖励标准为每人每年 8 000 元。

第五条 国家奖学金的基本申请条件：

1. 热爱社会主义祖国，拥护中国共产党的领导。
2. 遵守宪法和法律，遵守学校规章制度。
3. 诚实守信，道德品质优良。
4. 在校期间学习成绩优异，社会实践、创新能力、综合素质等方面特别突出。

第三章 名额分配与预算下达

第六条 全国学生资助管理中心根据财政部、教育部确定的当年国家奖学金的总人数，按照本办法第三条的规定，于每年 5 月底前，提出各省（自治区、直辖市）和中央部门所属高校国家奖学金名额分配建议方案，报财政部、教育部审批。

第七条 每年 7 月 31 日前，财政部、教育部将国家奖学金分配名额和预算下达中央主管部门和省级财政、教育部门。

每年 9 月 1 日前，中央主管部门和省及省以下财政、教育部门负责将国家奖学金名额和预算下达所属各高校。

第四章 评　审

第八条 国家奖学金每学年评审一次，实行等额评审，坚持公开、公平、公正、择优的原则。

第九条 获得国家奖学金的学生为高校在校生中二年级以上（含二年级）的学生。

同一学年内，获得国家奖学金的家庭经济困难学生可以同时申请并获得国家助学金，但不能同时获得国家励志奖学金。

第十条 高校要根据本办法的规定，制定具体评审办法，并报主管部门备案。

第十一条 高校学生资助管理机构具体负责组织评审工作,提出本校当年国家奖学金获奖学生建议名单,报学校领导集体研究审定后,在校内进行不少于5个工作日的公示。公示无异议后,每年10月31日前,中央高校将评审结果报中央主管部门,地方高校将评审结果逐级报至省级教育部门。中央主管部门和省级教育部门审核、汇总后,统一报教育部审批。教育部于每年11月15日前批复并公告。

第五章 奖学金发放、管理与监督

第十二条 高校于每年11月30日前将国家奖学金一次性发放给获奖学生,颁发国家统一印制的奖励证书,并记入学生学籍档案。

第十三条 各高校要切实加强管理,认真做好国家奖学金的评审和发放工作,确保国家奖学金用于奖励特别优秀的学生。

第十四条 各省(自治区、直辖市)、有关部门和高校必须严格执行国家相关财经法规和本办法的规定,对国家奖学金实行分账核算,专款专用,不得截留、挤占、挪用,同时应接受财政、审计、纪检监察、主管机关等部门的检查和监督。

第六章 附 则

第十五条 民办高校(含独立学院)国家奖学金管理办法由各省(自治区、直辖市)制定。各省(自治区、直辖市)在制定办法时,应综合考虑学校的办学质量、学费标准、招生录取分数、一次性就业率、学科专业设置等因素。

第十六条 本办法由财政部、教育部负责解释。各省(自治区、直辖市)要根据本办法制定实施细则,并报财政部、教育部备案。

第十七条 本办法自发布之日起施行。《财政部 教育部关于印发〈国家助学奖学金管理办法〉的通知》(财教〔2005〕75号)同时废止。

三、普通本科高校、高等职业学校国家励志奖学金管理暂行办法

普通本科高校、高等职业学校国家励志奖学金管理暂行办法

第一章 总 则

第一条 为激励普通本科高校、高等职业学校家庭经济困难学生勤奋学习、努力进取,在德、智、体、美等方面得到全面发展,根据《国务院关于建立健

全普通本科高校、高等职业学校和中等职业学校家庭经济困难学生资助政策体系的意见》(国发〔2007〕13号),制定本办法。

第二条 本办法所称普通本科高校、高等职业学校是指根据国家有关规定批准设立、实施高等学历教育的全日制普通本科高等学校、高等职业学校和高等专科学校(以下简称高校)。

第三条 国家励志奖学金用于奖励资助高校全日制本专科(含高职、第二学士学位)学生(以下简称学生)中品学兼优的家庭经济困难学生。

中央高校国家励志奖学金的奖励资助名额由财政部商有关部门确定。地方高校国家励志奖学金的奖励资助名额由各省、自治区、直辖市根据财政部、教育部确定的总人数,以及高校数量、类别、办学层次、办学质量、在校本专科生人数和生源结构等因素确定。在分配国家励志奖学金名额时,对办学水平较高的高校,以农林水地矿油核等国家需要的特殊学科专业为主的高校予以适当倾斜。

第四条 国家励志奖学金由中央和地方政府共同出资设立。中央部门所属高校国家励志奖学金所需资金由中央财政负担。地方所属高校国家励志奖学金所需资金根据各地财力及生源状况由中央与地方财政按比例分担。

国家鼓励各省、自治区、直辖市加大家庭经济困难学生资助力度,超出中央核定总额部分的国家励志奖学金所需资金由中央财政给予适当补助。

第二章 奖励标准与申请条件

第五条 国家励志奖学金的奖励标准为每人每年5 000元。

第六条 国家励志奖学金的基本申请条件:
1. 热爱社会主义祖国,拥护中国共产党的领导。
2. 遵守宪法和法律,遵守学校规章制度。
3. 诚实守信,道德品质优良。
4. 在校期间学习成绩优秀。
5. 家庭经济困难,生活俭朴。

第三章 名额分配与预算下达

第七条 每年5月底前,中央主管部门和各省、自治区、直辖市要根据本办法第三条的规定,提出所属高校国家励志奖学金名额分配建议方案,报财政部、教育部。

财政部、教育部委托全国学生资助管理中心对中央主管部门和各省、自治区、直辖市报送的国家励志奖学金名额分配建议方案进行审核。

第八条 每年7月31日前，财政部、教育部结合全国学生资助管理中心审核意见，将国家励志奖学金分配名额和预算下达中央主管部门和省级财政、教育部门。

第九条 每年9月1日前，中央主管部门和省以下财政、教育部门负责将国家励志奖学金名额和预算下达所属各高校。

第四章 申请与评审

第十条 国家励志奖学金实行等额评审，坚持公开、公平、公正、择优的原则。

第十一条 国家励志奖学金申请与评审工作由高校组织实施。高校要根据本办法的规定，制定具体评审办法，并报中央主管部门或省级教育行政部门备案。高校在开展国家励志奖学金评审工作中，要对农林水地矿油核等国家需要的特殊学科专业学生予以适当倾斜。

第十二条 国家励志奖学金按学年申请和评审。申请国家励志奖学金的学生为高校在校生中二年级以上（含二年级）的学生。

同一学年内，申请国家励志奖学金的学生可以同时申请并获得国家助学金，但不能同时获得国家奖学金。

试行免费教育的教育部直属师范院校师范类专业学生不再同时获得国家励志奖学金。

第十三条 每年9月30日前，学生根据本办法规定的国家励志奖学金的基本申请条件及其他有关规定，向学校提出申请，并递交《普通本科高校、高等职业学校国家励志奖学金申请表》（见附表）。

第十四条 高校学生资助管理机构负责组织评审，提出本校当年国家励志奖学金获奖学生建议名单，报学校领导集体研究通过后，在校内进行不少于5个工作日的公示。公示无异议后，每年10月31日前，中央高校评审结果报中央主管部门，地方高校评审结果逐级报至省级教育部门。中央主管部门和省级教育部门于11月15日前批复。

第五章 奖学金发放、管理与监督

第十五条 高校于每年11月30日前将国家励志奖学金一次性发放给获奖学生，并记入学生的学籍档案。

第十六条 地方财政部门要按有关规定落实所负担的资金，及时拨付，加强管理。

第十七条 各高校要切实加强管理，认真做好国家励志奖学金的评审和发放工作，确保国家励志奖学金真正用于资助品学兼优的家庭经济困难学生。

第十八条 各省、自治区、直辖市、各有关部门和高校必须严格执行国家相关财经法规和本办法的规定，对国家励志奖学金实行分账核算，专款专用，不得截留、挤占、挪用，同时应接受财政、审计、纪检监察、主管机关等部门的检查和监督。

第六章 附　　则

第十九条 高校要按照国家有关规定，从事业收入中足额提取4－6％的经费用于资助家庭经济困难学生。中央高校提取的具体比例由财政部商中央主管部门确定，地方高校提取的具体比例由各省、自治区、直辖市确定。

第二十条 民办高校（含独立学院）按照国家有关规定规范办学、举办者按照本办法第十九条规定的比例从事业收入中足额提取经费用于资助家庭经济困难学生的，其招收的符合本办法规定申请条件的普通本专科（含高职、第二学士学位）学生，也可以申请国家励志奖学金。具体评审管理办法，由各省、自治区、直辖市研究制定。各省、自治区、直辖市在制定评审管理办法时，应综合考虑学校的办学质量、学费标准、招生录取分数、一次性就业率、学科专业设置等因素。

第二十一条 本办法由财政部、教育部负责解释。各省、自治区、直辖市要根据本办法制定实施细则，并报财政部、教育部备案。

第二十二条 本办法自公布之日起施行。

四、普通本科高校、高等职业学校国家助学金管理暂行办法

普通本科高校、高等职业学校国家助学金管理暂行办法

第一章 总　　则

第一条 为体现党和政府对普通本科高校、高等职业学校家庭经济困难学生的关怀，帮助他们顺利完成学业，根据《国务院关于建立健全普通本科高校、高等职业学校和中等职业学校家庭经济困难学生资助政策体系的意见》（国发〔2007〕13号），制定本办法。

第二条 本办法所称普通本科高校、高等职业学校是指根据国家有关规定批准设立、实施高等学历教育的全日制普通本科高等学校、高等职业学校和高

等专科学校（以下简称高校）。

第三条 国家助学金用于资助高校全日制本专科（含高职、第二学士学位）在校生中的家庭经济困难学生。

中央高校国家助学金的资助名额由财政部商有关部门确定。地方高校国家助学金的资助名额由各省（自治区、直辖市）根据财政部、教育部确定的总人数，以及高校数量、类别、办学层次、办学质量、在校本专科生人数和生源结构等因素确定。在分配国家助学金名额时，对民族院校、以农林水地矿油核等国家需要的特殊学科专业为主的高校予以适当倾斜。

第四条 国家助学金由中央和地方政府共同出资设立。中央部门所属高校国家助学金所需资金由中央财政负担。地方所属高校国家助学金所需资金根据各地财力及生源状况由中央与地方财政按比例分担。

国家鼓励各省（自治区、直辖市）加大家庭经济困难学生资助力度，超出中央核定总额部分的国家助学金所需资金由中央财政给予适当补助。

第二章 资助标准与申请条件

第五条 国家助学金主要资助家庭经济困难学生的生活费用开支。国家助学金的平均资助标准为每生每年2 000元，具体标准在每生每年1 000~3 000元范围内确定，可以分为2~3档。中央高校国家助学金分档及具体标准由财政部商有关部门确定，地方高校国家助学金分档及具体标准由各省（自治区、直辖市）确定。

第六条 国家助学金的基本申请条件：

1. 热爱社会主义祖国，拥护中国共产党的领导。
2. 遵守宪法和法律，遵守学校规章制度。
3. 诚实守信，道德品质优良。
4. 勤奋学习，积极上进。
5. 家庭经济困难，生活俭朴。

第三章 名额分配与预算下达

第七条 每年5月底前，中央主管部门和各省（自治区、直辖市）要根据国家确定的有关原则和本办法第三条、第五条的规定，提出所属高校国家助学金名额分配建议方案，报财政部、教育部。

财政部、教育部委托全国学生资助管理中心对中央主管部门和各省（自治区、直辖市）报送的国家助学金名额分配建议方案进行审核。

第八条 每年 7 月 31 日前，财政部、教育部结合全国学生资助管理中心审核意见，将国家助学金分配名额和预算下达中央主管部门和省级财政、教育部门。

第九条 每年 9 月 1 日前，中央主管部门和省以下财政、教育部门负责将国家助学金预算下达所属各高校。

第四章　申请与评审

第十条 国家助学金的评定工作坚持公开、公平、公正的原则。

第十一条 国家助学金申请与评审工作由高校组织实施。高校要根据本办法的规定，制定具体评审办法，并报中央主管部门或省级教育部门备案。高校在开展国家助学金评审工作中，要对农林水地矿油核等国家需要的特殊学科专业学生予以适当倾斜。

第十二条 国家助学金按学年申请和评审。

第十三条 每年 9 月 30 日前，学生根据本办法规定的国家助学金的基本申请条件及其他有关规定，向学校提出申请，并递交《普通本科高校、高等职业学校国家助学金申请表》（见附表）。

在同一学年内，申请并获得国家助学金的学生，可同时申请并获得国家奖学金或国家励志奖学金。

试行免费教育的教育部直属师范院校师范类专业学生，不再同时获得国家助学金。

第十四条 高校学生资助管理机构结合本校家庭经济困难学生等级认定情况，组织评审，提出享受国家助学金资助初步名单及资助档次，报学校领导集体研究通过后，于每年 11 月 15 日前，将本校当年国家助学金政策的落实情况按隶属关系报至中央主管部门或省级教育部门备案。

第五章　助学金发放、管理与监督

第十五条 高校应按月将国家助学金发放到受助学生手中。

第十六条 地方财政部门应按有关规定落实所负担的资金，及时拨付，加强管理。

第十七条 各高校应切实加强管理，认真做好国家助学金的评审和发放工作，确保国家助学金用于资助家庭经济困难的学生。

第十八条 各省（自治区、直辖市）、有关部门和高校必须严格执行国家相关财经法规和本办法的规定，对国家助学金实行分账核算，专款专用，不得截留、挤占、挪用，同时应接受财政、审计、纪检监察、主管机关等部门的检查和监督。

第六章 附 则

第十九条 高校要按照国家有关规定，从事业收入中足额提取4%～6%的经费用于资助家庭经济困难学生。中央高校提取的具体比例由财政部商中央主管部门确定，地方高校提取的具体比例由各省（自治区、直辖市）确定。

第二十条 民办高校（含独立学院）按照国家有关规定规范办学、举办者按照本办法第十九条规定的比例从事业收入中足额提取经费用于资助家庭经济困难学生的，其招收的符合本办法规定申请条件的普通本专科（含高职、第二学士学位）学生，也可以申请国家助学金，具体评审管理办法，由各省（自治区、直辖市）制定。各省（自治区、直辖市）在制定评审管理办法时，应综合考虑学校的学费标准、招生录取分数、一次性就业率、学科专业设置等因素。

第二十一条 本办法由财政部、教育部负责解释。各省（自治区、直辖市）要根据本办法制定实施细则，并报财政部、教育部备案。

第二十二条 本办法自发布之日起施行。《财政部、教育部关于印发〈国家助学奖学金管理办法〉的通知》（财教〔2005〕75号）同时废止。

五、高等学校毕业生学费和国家助学贷款代偿暂行办法

高等学校毕业生学费和国家助学贷款代偿暂行办法

第一条 为引导和鼓励高校毕业生面向中西部地区和艰苦边远地区基层单位就业，根据《中共中央关于推进农村改革发展若干重大问题的决定》（中发〔2008〕16号）和《国务院办公厅关于加强普通高等学校毕业生就业工作的通知》（国办发〔2009〕3号）有关精神，制定本办法。

第二条 高校毕业生到中西部地区和艰苦边远地区基层单位就业、服务期在3年以上（含3年）的，其学费由国家实行代偿。在校学习期间获得国家助学贷款（含高校国家助学贷款和生源地信用助学贷款，下同）的，代偿的学费优先用于偿还国家助学贷款本金及其全部偿还之前产生的利息。

第三条 本办法中高校毕业生是指中央部门所属普通高等学校中的全日制本专科生（含高职）、研究生、第二学士学位应届毕业生。定向、委培以及在校学习期间已享受免除学费政策的学生除外。

第四条 本办法中,西部地区是指西藏、内蒙古、广西、重庆、四川、贵州、云南、陕西、甘肃、青海、宁夏、新疆等12个省(自治区、直辖市)。

中部地区是指河北、山西、吉林、黑龙江、安徽、江西、河南、湖北、湖南、海南等10个省。

艰苦边远地区是指除上述地区外,国务院规定的艰苦边远地区。

第五条 本办法中的基层单位是指:

(一)中西部地区和艰苦边远地区县以下机关、企事业单位,包括乡(镇)政府机关、农村中小学、国有农(牧、林)场、农业技术推广站、畜牧兽医站、乡镇卫生院、计划生育服务站、乡镇文化站等;

(二)工作现场地处中西部地区和艰苦边远地区县以下的气象、地震、地质、水电施工、煤炭、石油、航海、核工业等中央单位艰苦行业生产第一线。

第六条 凡符合以下全部条件的高校毕业生,可申请学费和国家助学贷款代偿:

(一)拥护中国共产党的领导,热爱祖国,遵守宪法和法律;

(二)在校期间遵守学校各项规章制度,诚实守信,道德品质良好,学习成绩合格;

(三)毕业时自愿到中西部地区和艰苦边远地区基层单位工作、服务期在3年以上(含3年)。

第七条 每个高校毕业生每学年代偿学费和国家助学贷款的金额最高不超过6 000元。毕业生在校学习期间每年实际缴纳的学费或获得的国家助学贷款低于6 000元的,按照实际缴纳的学费或获得的国家助学贷款金额实行代偿。毕业生在校学习期间每年实际缴纳的学费或获得的国家助学贷款高于6 000元的,按照每年6 000元的金额实行代偿。

本科、专科(高职)、研究生和第二学士学位毕业生代偿学费和国家助学贷款的年限,分别按照国家规定的相应学制计算。

第八条 国家对到中西部地区和艰苦边远地区基层单位就业的获得学费和国家助学贷款代偿资格的高校毕业生采取分年度代偿的办法,学生毕业后每年代偿学费或国家助学贷款总额的1/3,3年代偿完毕。

第九条 按本办法确定的学费和国家助学贷款代偿所需资金,由中央财政安排。

第十条 符合条件的高校毕业生,按以下程序申请学费和国家助学贷款代偿:

(一)高校毕业生本人在办理离校手续时向学校递交《学费和国家助学贷款

代偿申请表》和毕业生本人、就业单位与学校三方签署的到中西部地区和艰苦边远地区基层单位服务 3 年以上的就业协议。

（二）在校学习期间获得国家助学贷款的高校毕业生，在与国家助学贷款经办银行签订毕业后的还款计划书时，应注明已申请国家助学贷款代偿，如果获得国家助学贷款代偿资格，不需自行向银行还款。

（三）高校根据上述材料，按本办法规定，审查申请资格；在每年 6 月底前，将符合条件的高校毕业生相关材料集中报送全国学生资助管理中心审批。对存在"二次定岗"的毕业生，高校应在毕业生提交有关证明材料并经审查后，最迟于当年 12 月底前将申请材料集中报送全国学生资助管理中心审批。

全国学生资助管理中心在收到高校申请材料后一个月内，将审批确定的获得学费和国家助学贷款代偿资格的学生名单通知有关高校及国家助学贷款经办银行，同时将有关审批文件报教育部、财政部备案。

第十一条 高校需在每年 6 月 30 日前将获得学费和国家助学贷款代偿资格的高校毕业生当年在职在岗情况报送全国学生资助管理中心。

高校毕业生所在高校要建立与就业单位和国家助学贷款经办银行定期联系制度。高校要专门为经资格审查合格的学费和国家助学贷款代偿的高校毕业生建立完整准确的档案，并将高校毕业生在本学段学习期间获得学费和国家助学贷款代偿情况书面通知毕业生本人、就业单位人事部门及国家助学贷款经办银行。同时，还应主动了解并定期向全国学生资助管理中心和国家助学贷款经办银行通报毕业生的工作情况，以便经办银行及时掌握借款学生的动态情况，做好国家助学贷款业务贷后管理工作。

第十二条 除因正常调动、提拔、工作需要换岗而离开中西部地区和艰苦边远地区基层单位外，对于未满 3 年服务年限，提前离开中西部地区和艰苦边远地区基层单位的高校毕业生，就业单位人事部门应要求其及时向办理代偿的原高校申请取消学费和国家助学贷款代偿资格。

对于取消学费代偿资格的毕业生，高校应及时将有关情况报送全国学生资助管理中心。全国学生资助管理中心从当年开始停止对其学费的代偿。

对于取消国家助学贷款代偿资格的毕业生，改由其本人负责偿还余下的国家助学贷款本息。就业单位应当及时将有关情况通报给高校，并凭毕业生重新签订的国家助学贷款还款计划书为其办理离职手续。高校应将有关情况及时通知全国学生资助管理中心和国家助学贷款经办银行。

对于不及时向高校提出取消学费和国家助学贷款代偿资格申请、不与银行重新签订还款计划书、提前离岗的高校毕业生，一律视为严重违约，国家有关部门要将其不良信用记录及时录入国家金融业统一征信平台相关数据库。

第十三条 学费和国家助学贷款代偿资格经全国学生资助管理中心审定后，有关部门（单位）应按照部门预算管理的有关规定，将学费和国家助学贷款代偿资助项目经费编入部门预算。财政部及时将代偿资金拨付给全国学生资助管理中心。全国学生资助管理中心应在收到财政部拨付的代偿资金15个工作日内，将代偿资金拨付给高校。高校应于15个工作日内将代偿资金代为偿还给高校毕业生国家助学贷款经办银行或返还给高校毕业生本人。

第十四条 有关高校要严格执行国家相关财经法规和本办法的规定，对代偿资金实行分账核算，专款专用，不得截留、挤占、挪用，同时应接受财政、审计、纪检监察、主管机关等部门的检查和监督。

第十五条 对于弄虚作假的高校和高校毕业生，一经查实，除收回国家代偿资金外，将按有关规定追究相关责任。

第十六条 各省、自治区、直辖市、计划单列市要参照本办法规定的原则，制定吸引和鼓励高校毕业生面向本辖区艰苦边远地区基层单位就业的学费和国家助学贷款代偿办法。

第十七条 本办法自公布之日起施行。财政部、教育部印发的《高等学校毕业生国家助学贷款代偿资助暂行办法》（财教〔2006〕133号）同时废止。

六、高等学校学生应征入伍服义务兵役国家资助办法

高等学校学生应征入伍服义务兵役国家资助办法

第一章 总 则

第一条 为推进国防和军队现代化建设，鼓励高等学校学生积极应征入伍服义务兵役，提高兵员征集质量，对应征入伍服义务兵役及退役后自愿回校复学的高等学校学生，国家给予资助。现根据有关规定，制定本办法。

第二条 高等学校学生应征入伍服义务兵役国家资助，是指国家对应征入伍服义务兵役的高校学生，在入伍时对其在校期间缴纳的学费实行一次性补偿或获得的国家助学贷款（国家助学贷款包括校园地国家助学贷款和生源地信用助学贷款，下同）实行代偿；应征入伍服义务兵役前正在高等学校就读的学生（含按国家招生规定录取的高等学校新生），服役期间按国家有关规定保留学籍或入学资格、退役后自愿复学或入学的，国家实行学费减免。

第三条 本办法所称高等学校是指根据国家有关规定批准设立、实施高等

学历教育的全日制公办普通高等学校、民办普通高等学校和独立学院（以下简称"高校"）。

第四条 本办法所称高校学生是指高校全日制普通本专科（含高职）、研究生、第二学士学位的应（往）届毕业生、在校生和入学新生，以及成人高校招收的普通本专科（高职）应（往）届毕业生、在校生和入学新生（以下简称"高校学生"）。

下列高校学生应征入伍服义务兵役不享受国家资助：
（一）在校期间已免除全部学费的学生；
（二）定向生、委培生和国防生；
（三）其他不属于服义务兵役到部队参军的学生。

第五条 高校学生应征入伍服义务兵役国家资助资金，全部由中央财政安排。

第二章　标准及年限

第六条 学费补偿、国家助学贷款代偿及学费减免标准，本专科生每人每年最高不超过6 000元，硕士研究生每人每年最高不超过8 000元，博士研究生每人每年最高不超过10 000元。

学费补偿或国家助学贷款代偿金额，按学生实际缴纳的学费或获得的国家助学贷款（国家助学贷款包括本金及其全部偿还之前产生的利息，下同）两者金额较高者执行，据实补偿或者代偿。退役复学后学费减免金额，按学校实际收取学费金额执行。超出标准部分不予补偿、代偿或减免。

获学费补偿学生在校期间获得国家助学贷款的，补偿资金必须首先用于偿还国家助学贷款。如补偿金额高于国家助学贷款金额，高出部分退还学生。

第七条 获得国家助学贷款的高校在校生应征入伍后，国家助学贷款停止发放。

第八条 学费补偿、国家助学贷款代偿和学费减免的年限，按照国家对本科、专科（高职）、研究生和第二学士学位规定的相应修业年限据实计算。以入伍时间为准，入伍前已达到的修业规定年限，即为学费补偿或国家助学贷款代偿的年限；退役复学后应完成的国家规定的修业年限的剩余期限，即为学费减免的年限；复学后攻读更高层次学历不在减免学费范围之内。

专升本、本硕连读、中职高职连读、第二学士学位毕业生补偿学费或代偿国家助学贷款的年限，分别按照完成本科、硕士、高职和第二学士学位阶段学习任务规定的学习时间计算。

专升本、本硕连读学制在校生，在专科或本科学习阶段应征入伍的，以实际学习时间实行学费补偿或国家助学贷款代偿；在本科或硕士学习阶段应征入伍的，以本科已学习时间或硕士已学习时间计算，实行学费补偿或国家助学贷款代偿，其以前专科学习时间或本科学习时间不计入学费补偿或国家助学贷款代偿。中职高职连读学生学费补偿或国家助学贷款代偿的年限，按照高职阶段实际学习时间计算。

第三章　申请与审批

第九条　高校学生申请应征入伍服义务兵役国家资助应遵循以下程序：

（一）应征报名的高校学生登录大学生征兵报名系统，按要求在线填写、打印《高校学生应征入伍学费补偿国家助学贷款代偿申请表》（一式两份，以下简称《申请表》）并提交学校学生资助管理部门。在校期间获得国家助学贷款的学生，需同时提供《国家助学贷款借款合同》复印件和本人签字的一次性偿还贷款计划书。

（二）学校相关部门对《申请表》中学生的资助资格、标准、金额（如有生源地信用助学贷款，学校应联系贷款经办银行或贷款经办地县级学生资助管理机构确认贷款金额）等相关信息审核无误后，对《申请表》加盖公章，一份留存，一份返还学生。

（三）学生在征兵报名时将《申请表》交至入伍所在地县级人民政府征兵办公室（以下简称县级征兵办）。学生通过征兵体检被批准入伍后，县级征兵办对《申请表》加盖公章并返还学生。

（四）学生将《申请表》原件和入伍通知书复印件，寄送至原就读高校学生资助管理部门。

第十条　高校学生资助管理部门在收到学生寄送的《申请表》和《入伍通知书》复印件后，对各项内容进行复核，符合条件的，应及时向学生进行学费补偿或国家助学贷款代偿。

对于办理校园地国家助学贷款的学生，由学校按照还款计划，一次性向银行偿还学生校园地国家助学贷款本息，并将银行开具的偿还贷款票据交寄学生本人或其家长。偿还全部贷款后如有剩余资金，汇至学生指定的地址或账户。

对于入学前在户籍所在县（市、区）办理了生源地信用助学贷款的学生，由学校根据学生签字的还款计划，一次性向银行偿还学生生源地信用助学贷款本息，或由学校将代偿资金汇入学生贷款经办地县级学生资助管理机构账户，由县级学生资助管理机构向银行偿还;学校或县级学生资助管理机构将银行开具的偿还贷款票据交寄学生本人或其家长,县级学生资助管理机构还应同时将偿还贷款票据复印件寄送学生就读高校。偿还全部贷款后如有剩余资金,汇至学生指定的地址或账户。

第十一条 退役后自愿回校复学的学生,到学校报到后向学校提出学费减免申请,填写并提交《高校学生退役复学学费减免申请表》和退出现役证书复印件。学校学生资助管理部门在收到申请材料后,及时对学生申请资格进行审核认定。符合条件的,及时办理学费减免手续。

第十二条 资助资金不足以偿还国家助学贷款的,学生应与经办银行重新签订还款计划,偿还剩余部分国家助学贷款。

第十三条 应征入伍服义务兵役的往届毕业生,如申请国家助学贷款代偿的,应由学生本人继续按原还款协议自行偿还贷款,学生本人凭贷款合同和已偿还的贷款本息银行凭证向学校申请全部代偿资金。

第四章 资金拨付和管理

第十四条 中央部门所属高校(以下简称中央高校)国家资助资金由中央财政拨付全国学生资助管理中心,地方所属高校(以下简称地方高校)国家资助资金由中央财政拨付各省级财政部门。

第十五条 地方高校学生应征入伍服义务兵役国家资助资金采取"当年先行预拨,次年据实结算"的办法。中央财政于每年5月底前,对各省份上一年度实际所需资助经费进行清算,并以上一年度实际支出金额为基数提前下达各省份当年资金预算。

第十六条 中央有关部门、各省级财政和教育部门应及时将资金拨付至所属高校。各有关高校应采取有效措施,及时支付资助经费,确保国家资助政策及时落实到位。

第十七条 每年10月31日前,中央高校应将本年度高校学生应征入伍服义务兵役国家资助的经费使用等情况,报全国学生资助管理中心审核。地方高校应将本年度高校学生应征入伍服义务兵役国家资助的经费使用等情况,报各省(区、市)学生资助管理中心;各省(区、市)学生资助管理中心审核无误后,于每年11月15日前,报全国学生资助管理中心备案。

第十八条 各地财政、教育部门和高校要严格执行国家相关财经法规和本办法的规定,对高校学生应征入伍服义务兵役国家资助资金实行分账核算,专款专用,并接受财政、审计、纪检监察、主管机关等部门的检查和监督。对弄虚作假、套取财政资金或截留、挤占、挪用财政资金的行为，将按照有关规定严肃处理。情节严重的，将依法追究有关责任人的法律责任。

第五章　管理与监督

第十九条　因本人思想原因、故意隐瞒病史或弄虚作假、违法犯罪等行为造成退兵的学生，学校取消其受助资格，并不得申请学费减免。各省（区、市）人民政府征兵办公室应在接收退兵后及时将被退回学生的姓名、就读高校、退兵原因等情况逐级上报至国防部征兵办公室，并按照学生原就读高校的隶属关系，通报同级教育行政部门。

被部队退回并被取消资助资格的学生，如学生返回其原户籍所在地，已补偿的学费或代偿的国家助学贷款资金由学生户籍所在地县级教育行政部门会同同级人民政府征兵办公室收回；如学生返回其原就读高校，已补偿的学费或代偿的国家助学贷款由学生原就读高校会同退役安置地县级人民政府征兵办公室收回。各县级教育行政部门和各高校应在收回资金后十日内，逐级汇总上缴全国学生资助管理中心。收回资金按规定作为下一年度学费补偿或国家助学贷款代偿经费。

第二十条　因部队编制员额缩减、国家建设需要、因战因公负伤致残、因病不适宜在部队继续服役、家庭发生重大变故需要退出现役等原因，经组织批准提前退役的学生，仍具备受助资格。其他原因非正常退役学生的资助资格认定，由学校所在地省（区、市）人民政府征兵办公室会同同级教育行政部门确定。

第二十一条　各地教育行政部门、人民政府征兵办公室和高校要认真履行职责，按照规定要求，对应征入伍高校学生的入伍资格、资助资格等进行认真审核，不得弄虚作假。对符合要求的高校应征入伍学生，学校应及时办理资助手续。

第六章　附　　则

第二十二条　本办法由财政部、教育部、总参谋部负责解释。

第二十三条　本办法自公布之日起实施。2009年4月20日财政部、教育部、总参谋部印发的《应征入伍服义务兵役高等学校毕业生学费补偿国家助学贷款代偿暂行办法》（财教〔2009〕35号）和2011年10月19日财政部、教育部、总参谋部印发的《应征入伍服义务兵役高等学校在校生学费补偿国家助学贷款代偿及退役复学后学费资助暂行办法》（财教〔2011〕510号）同时废止。

七、关于对直接招收为士官的高等学校学生施行国家资助的通知

关于对直接招收为士官的高等学校学生施行国家资助的通知
财教〔2015〕462号

党中央有关部门，国务院有关部委、有关直属机构，各省、自治区、直辖市、计划单列市财政厅（局）、教育厅（教委、教育局）、征兵办公室，新疆生产建设兵团财务局、教育局，各军区、各军兵种，军事科学院，国防大学，国防科学技术大学，武警部队，各省军区（卫戍区、警备区），中央部门直属各高等学校：

为鼓励高等学校学生积极参加士官直招，提高部队士官人才质量，推进国防和军队现代化建设，财政部、教育部、总参谋部决定自2015年起，对直接招收为士官的高等学校学生（含定向生）施行国家资助。现将有关问题通知如下：

一、资助对象、范围及标准

从2015年起，国家对直接招收为士官的高等学校学生施行国家资助，入伍时对其在校期间缴纳的学费实行一次性补偿或获得的国家助学贷款（包括校园地国家助学贷款和生源地信用助学贷款，下同）实行代偿。

学费补偿或国家助学贷款代偿金额，按学生实际缴纳的学费或获得的国家助学贷款（包括本金及其全部偿还之前产生的利息，下同）两者金额较高者执行，据实补偿或者代偿，但本专科学生每人每年最高不超过8 000元、研究生每人每年最高不超过12 000元。获学费补偿学生在校期间获得国家助学贷款的，补偿资金必须首先用于偿还国家助学贷款；如补偿金额高于国家助学贷款金额，高出部分退还学生。

国家资助直接招收为士官的高等学校学生（以下简称高校学生），是指直接从非军事部门招收为部队士官的全日制普通本专科（含高职）、研究生、第二学士学位的应（往）届毕业生，以及成人高校的普通本专科（高职）应（往）届毕业生；纳入全国高等学校招生统一考试、直接招录或选拔补充为部队士官的定向生。

本通知所称高等学校是指根据国家有关规定批准设立、实施高等学历教育的全日制公办普通高等学校、民办普通高等学校和独立学院（以下简称高校）。

直接招收为士官的高校学生国家资助资金，全部由中央财政安排。

二、资助年限、程序及管理

直接招收为士官的高校学生国家资助的年限，按照国家对本科、专科（高

职)、研究生和第二学士学位规定的相应修业年限据实计算。专升本、本硕连读、中职高职连读、第二学士学位毕业生补偿学费或代偿国家助学贷款的年限，分别按照完成本科、硕士、高职和第二学士学位阶段学习任务规定的学习时间计算。

直接招收为士官的高校学生国家资助的申请审批程序及管理等规定，参照《财政部 教育部 总参谋部关于印发〈高等学校学生应征入伍服义务兵役国家资助办法〉的通知》(财教〔2013〕236号) 相关规定执行。

因本人思想原因、故意隐瞒病史或弄虚作假、违法犯罪等行为造成退兵的，原就读高校取消其受助资格。各省（区、市）人民政府征兵办公室应在接收退兵后及时将被退回学生的姓名、就读高校、退兵原因等情况逐级上报至国防部征兵办公室，并按照学生原就读高校的隶属关系，通报同级教育行政部门。已补偿的学费或代偿的国家助学贷款资金，由学生退回安置地县级人民政府征兵办公室会同教育行政部门收回。

三、工作要求

对直接招收为士官的高校学生实施国家资助，是贯彻落实军民融合发展战略、吸引高素质优秀人才投身国防和军队现代化建设的重要举措。各相关部门要加大政策宣传，抓好工作落实，确保这一国家资助政策发挥应有效益。

本通知自2015年7月1日起执行。此前与本通知规定内容有不一致的，以本通知规定为准。

八、国家开发银行生源地助学贷款违约责任告知书

国家开发银行生源地助学贷款违约责任告知书

一、应还款金额查询

生源地助学贷款必须按照借款合同约定及时偿还本息。应还款金额可以在学生在线服务系统（www.csls.cdb.com.cn）中查询。

"学生在线服务系统"提供在线业务受理、信息查询等服务。已贷款同学可用身份证号码直接登录，默认密码为身份证上的出生年月日（8位）。如密码忘记可通过问题找回或联系县级资助中心重置。一旦有个人信息变更时（如联系方式、地址改变等），请及时修改"学生在线系统"的相关个人信息！

二、开始还款时间

贴息：借款学生在读期间的贷款利息由财政全额补贴，自毕业当年9月1日起自付利息。借款学生毕业后继续攻读学位的，可申请继续贴息，申请通过后，

由原财政部门继续全额贴息。借款学生休学的，需申请就学信息变更，申请通过后，休学期间的贷款利息由财政全额贴息。

宽限期：借款学生毕业后三年间为还本宽限期。还本宽限期内，借款人只需要偿还贷款利息，无须偿还贷款本金。还本宽限期后，借款人按年度分期偿还贷款本金和利息，具体还款计划按《借款合同》约定执行。

三、还款方式

1. 正常还款

每月 20 日为还款日（结息日），借款人需在还款日前将钱充到指定支付宝账户（合同上的支付宝账户）。

2. 提前还款

当借款学生有提前还款需求时，可于每个月（11 月除外）进行一次提前还款申请，还款日（结息日）为当月 20 日。提前还款前，借款人需先到县级资助中心或登录学生在线服务系统提交提前还款申请。完成提前还款申请后，借款人在还款日前可随时使用支付宝"助学贷款还款"功能或 POS 机进行还款。

借款人每天均可提交提前还款申请，不同申请日期对应不同的还款日，具体为：1—9 月及 12 月，当月 15 日（含）之前提交申请，还款日（结息日）为当月 20 日，当月 15 日（不含）之后提交申请，还款日（结息日）为次月 20 日；10 月 1—15 日提交申请，还款日（结息日）为 10 月 20 日，10 月 16—11 月 30 日提交申请，还款日（结息日）为 12 月 20 日。

四、违约后果

1. 失约惩戒：未按贷款合同约定按时归还贷款本金的，根据实际逾期金额和逾期天数计收罚息，罚息利率为正常借款利率的 130%。

2. 失信惩戒：按照国家相关规定，国家开发银行将对多次逾期、恶意拖欠贷款的借款学生采取以下措施：

（1）将违约学生信息以及共同借款人信息载入人民银行个人征信系统。一旦不良信用记录被载入个人征信系统，将直接影响违约学生及共同借款人的个人信用卡、购房、购车贷款等几乎所有与金融机构有关的金融产品的申请和使用。

（2）将违约学生信息载入毕业生学历查询系统，并向违约学生以及共同借款人就业单位通报违约情况。这将对违约学生的就业、参加各种社会招聘考试等活动产生较大影响。

（3）违约情节严重的贷款人还将承担相关法律责任。

五、客服电话

国家开发银行生源地助学贷款咨询电话：95593

支付宝（ALIPAY）咨询电话：95188

九、高等学校学生勤工助学管理办法

高等学校学生勤工助学管理办法

第一章 总 则

第一条 为规范管理高等学校学生勤工助学工作，促进勤工助学活动健康、有序开展，保障学生的合法权益，培养学生自立自强精神，增强学生社会实践能力，帮助学生顺利完成学业，特制定本办法。

第二条 本办法所称高等学校是指根据国家有关规定批准设立、实施高等学历教育的全日制普通本科高等学校、高等职业学校和高等专科学校（以下简称学校）。

第三条 本办法所称学生是指学校招收的本专科（含高职、第二学士学位）学生和研究生。

第四条 本办法所称勤工助学活动是指学生在学校的组织下利用课余时间通过劳动取得合法报酬，用于改善学习和生活条件的社会实践活动。勤工助学是学校学生资助工作的重要组成部分，是提高学生综合素质和资助家庭经济困难学生的有效途径。

第五条 勤工助学活动必须坚持"立足校园、服务社会"的宗旨，按照学有余力、自愿申请、信息公开、扶困优先、竞争上岗、遵纪守法的原则，由学校在不影响正常教学秩序和学生正常学习的前提下有组织地开展。

第六条 勤工助学活动由学校统一组织和管理。任何单位或个人未经学校学生资助管理机构同意，不得聘用在校学生打工。学生私自在校外打工的行为，不在本办法规定之列。

第二章 组织机构

第七条 学校学生资助工作领导小组全面领导勤工助学工作，负责协调学校的财务、人事、学工、教务、科研、后勤、团委等部门，配合学生资助管理机构开展相关工作。充分发挥学生会等学生社团组织在勤工助学工作中的作用，共同做好勤工助学工作。

第八条 学校学生资助管理机构下设专门的学生勤工助学管理服务组织，具体负责勤工助学的日常管理工作。

第三章 学校的职责

第九条 组织开展勤工助学活动是学校学生工作的一项重要内容。学校要加强领导，认真组织，积极鼓励校内有关职能部门充分发挥作用，在工作安排、人员配备、资金落实、办公场地、活动场所及助学岗位设置等方面给予大力支持，为学生勤工助学活动提供指导、服务和保障。

第十条 根据本办法的规定，结合学校实际情况，制订并不断完善本校学生勤工助学活动的实施办法。

第十一条 根据国家有关规定，筹措经费，设立勤工助学专项资金，并制订资金使用与管理办法。

第十二条 加强对勤工助学学生的思想政治教育，帮助他们树立正确的劳动观。对在勤工助学活动中表现突出的学生予以表彰和奖励。对违反勤工助学协议的学生，可按照协议停止其勤工助学活动。对在勤工助学活动中违反校纪校规的，按照学校管理规定进行教育和处理。

第四章 学生勤工助学管理服务组织的职责

第十三条 确定校内勤工助学岗位。协调校内各单位，引导和组织学生积极参加勤工助学活动，指导和监督学生的勤工助学活动。

第十四条 开发校外勤工助学资源。积极收集校外勤工助学信息，开拓校外勤工助学渠道，增加校外勤工助学岗位，并纳入学校管理。

第十五条 接受学生参加勤工助学活动的申请，安排学生勤工助学岗位，为学生和用人单位提供及时有效的服务。

第十六条 在学校学生资助管理机构的领导下，配合学校财务部门共同管理和使用学校勤工助学专项资金，制订校内勤工助学岗位的报酬标准，并负责酬金的发放和管理工作。

第十七条 组织学生开展必要的勤工助学岗前培训和安全教育，维护勤工助学学生的合法权益。

第十八条 安排勤工助学岗位，应优先考虑家庭经济困难的学生。

第十九条 不得组织学生参加有毒、有害和危险的生产作业以及超过学生身体承受能力、有碍学生健康的劳动。

第五章　校内勤工助学岗位的设置

第二十条　设岗原则：以工时定岗位。

（一）按每个家庭经济困难学生月平均上岗工时不低于 20 小时为标准，测算出学期内全校每月需要的勤工助学总工时数（20 工时×家庭经济困难学生总数），统筹安排、设置校内勤工助学岗位。

（二）设置的岗位数量既要满足学生的工时需求，又要保证学生不因参加勤工助学而影响学习。学生参加勤工助学的时间原则上每周不超过 8 小时，每月不超过 40 小时。

第二十一条　岗位类型：勤工助学岗位分固定岗位和临时岗位。

（一）固定岗位是指持续一个学期以上的长期性岗位和寒暑假期间的连续性岗位。

（二）临时岗位是指不具有长期性，通过一次或几次勤工助学活动即完成任务的工作岗位。

（三）校内勤工助学岗位设置应以校内教学助理、科研助理、行政管理助理和后勤服务等为主。

（四）学校后勤部门应大幅度减少雇用临时工，调整出适合学生参与管理和服务的岗位，为学生提供更多的勤工助学机会。

第六章　校外勤工助学活动的管理

第二十二条　校外勤工助学活动必须由学校学生勤工助学管理服务组织统一管理，并注重与学生学业的有机结合。

第二十三条　校外用人单位聘用学生勤工助学，须向学校学生勤工助学管理服务组织提出申请，提供法人资格证书副本和相关的证明文件。经审核同意，学校学生勤工助学管理服务组织推荐适合用人单位工作要求的学生参加勤工助学活动。

第七章　勤工助学酬金标准及支付

第二十四条　校内固定岗位按月计酬。以每月 40 个工时的酬金原则上不低于当地政府或有关部门制定的最低工资标准或居民最低生活保障标准为计酬基准，可适当上下浮动。

第二十五条　校内临时岗位按小时计酬。每小时酬金可参照学校当地政府或有关部门规定的最低小时工资标准合理确定，原则上不低于每小时 8 元人民币。

第二十六条　校外勤工助学酬金标准不应低于学校当地政府或有关部门规定的最低工资标准，由用人单位、学校与学生协商确定，并写入聘用协议。

第二十七条　学生参与校内非营利性单位的勤工助学活动，其劳动报酬由学生勤工助学管理服务组织从勤工助学专项资金中支付；学生参与校内营利性单位或有专门经费项目的勤工助学活动，其劳动报酬原则上由用人单位支付或从项目经费中开支；学生参加校外勤工助学，其劳动报酬由校外用人单位按协议支付。

第八章　法律责任

第二十八条　学生在校内开展勤工助学活动的，学生勤工助学管理服务组织必须与学生签订具有法律效力的协议书。学生在校外开展勤工助学活动的，学生勤工助学管理服务组织必须经学校授权，代表学校与用人单位和学生三方签订具有法律效力的协议书。签订协议书并办理相关聘用手续后，学生方可开展勤工助学活动。

协议书必须明确学校、用人单位和学生等各方的权利和义务，开展勤工助学活动的学生如发生意外伤害事故的处理办法以及争议解决方法。

第二十九条　在勤工助学活动中，若出现协议纠纷或学生意外伤害事故，协议各方应按照签订的协议协商解决。如不能达成一致意见，则按照有关法律法规规定的程序办理。

第九章　附　　则

第三十条　本办法由教育部、财政部负责解释。

第三十一条　本办法自公布之日起施行。

十、常德职业技术学院国家奖学金管理办法

常德职业技术学院国家奖学金管理办法

第一章　总　　则

第一条　为激励普通高等学院专科学生勤奋学习、努力进取，在德、智、体、美等方面得到全面发展，国家设立"国家奖学金"。根据《国务院关于建立健全普通专科高校、高等职业学院和中等职业学院家庭经济困难学生资助政策

体系的意见》(国发〔2007〕13号)、《普通专科高校、高等职业学院国家奖学金管理暂行办法》(财教〔2007〕90号)、《教育部办公厅关于进一步规范普通高校国家奖学金评审与材料填报工作的通知》(教财厅函〔2010〕16号)及《关于进一步做好普通高校国家奖学金评审工作的通知》(教助中心〔2012〕17号),结合我院实际情况,特制定本管理办法。

第二条 国家奖学金来源于中央财政专项资金。奖励对象为我校全日制二年级以上(含二年级)专科生和高职五年级学生中特别优秀的学生。

第二章 奖励标准与基本条件

第三条 国家奖学金每学年评审一次,奖金额度为每人每年8 000元。

第四条 在同一学年内,申请并获得国家奖学金的学生,不能同时获得国家励志奖学金,但可同时申请并获得国家助学金。

第五条 国家奖学金申请

(一)基本条件要求

1. 热爱社会主义祖国,拥护中国共产党的领导;

2. 遵守宪法和法律,遵守学院规章制度,无违纪违规现象,未受过学院违纪处分;

3. 诚实守信,道德品质优良;

4. 社会实践、创新能力、综合素质等方面突出,参评学年无考试不合格科目。

(二)学习年限要求

专科二年级(含二年级)以上学生和高职五年级学生具备申请资格。

(三)评选成绩要求

1. 综合测评成绩排名及专业成绩排名均位于本年级本专业前10%,可以申请国家奖学金;

2. 综合测评成绩排名、专业成绩排名中一项未进入前10%,但均位于前30%,且在道德风尚、学术研究、学科竞赛、创新发明、社会实践、社会工作、体育竞赛、文艺比赛等某一方面有突出表现,亦可申请国家奖学金。

(四)突出表现要求

突出表现是指学生在道德风尚、学术研究、学科竞赛、创新发明、社会实践、社会工作、体育竞赛、文艺比赛等某一方面表现特别优秀。具体标准如下:

1. 在社会主义精神文明建设中表现突出,具有见义勇为、助人为乐、奉献爱心、服务社会、自立自强的实际行动，在本校、本地区产生重大影响，在全国产生较大影响，有助于树立良好的社会风尚；

2. 在学术研究上取得显著成绩，以第一作者发表的论文被 SCI、EI、ISTP、SSCI 全文收录，以第一、二作者出版学术专著（须通过专家鉴定）；

3. 在学科竞赛方面取得显著成绩，在国际和全国性专业学科竞赛、课外学术科技竞赛等竞赛中获一等奖（或金奖）及以上奖励；

4. 在创新发明方面取得显著成绩，科研成果获省、部级以上奖励或获得国家专利（须通过专家鉴定）；

5. 在体育竞赛中取得显著成绩，为国家争得荣誉；非体育专业学生参加省级以上体育比赛获得个人项目前三名，集体项目前两名；高水平运动员（特招生）参加国际和全国性体育比赛获得个人项目前三名、集体项目前两名；集体项目应为主力队员；

6. 在重要文艺比赛中取得显著成绩，参加国际和全国性比赛获得前三名，参加省级比赛获得第一名，为国家赢得荣誉；集体项目应为主要演员；

7. 获全国三好学生、全国优秀学生干部、全国社会实践先进个人、全国十大杰出青年、中国青年五四奖章等全国性荣誉称号；

8. 上述七方面之外，如在其他方面有同等级别的特别优秀表现，在国家奖学金评审过程中也可作为突出表现提交相关材料。上述所指突出表现均以评奖年度所获荣誉为准。

第三章　评审组织

第六条　学院成立国家奖学金评审领导小组，由主管学生工作的校领导任组长，学生资助管理中心、校团委、教务处、计划财务处、纪检监察处负责人为成员。评审领导小组办公室设在学生资助管理中心。

第七条　学院国家奖学金评审领导小组职责：负责按照国家有关规定制定学院国家奖学金评审办法，制定名额分配方案，负责本校国家奖学金评审工作，裁决学生对学院初审结果的申诉；领导小组办公室职责：负责国家奖学金评审通知下发、材料收集、评审组织、申诉协调、材料报送与留档工作及领导小组交办的各项日常事务。

第八条　系部成立国家奖学金评审小组，由分管领导担任组长，班主任、辅导员、学生代表等为成员，其职责是：负责系部国家奖学金的评审细则制定、申报组织和初步评审等工作。

第四章 评审程序

第九条 学生资助管理中心接到主管部门下达的国家奖学金名额及资金预算后,以各系部在校学生数(不含新生人数)为标准,结合本校实际情况,将本校国家奖学金名额分配各系部。

第十条 各系部根据国家奖学金获奖条件,组织符合条件的学生参加申请,提交申请材料。学生上报的材料主要包括:《国家奖学金申请审批表》、成绩单、专业成绩排名表、获奖证书复印件(加盖系部公章)、其他方面表现突出的证明材料等。

《国家奖学金申请审批表》为系部上报材料,各系部在组织学生填报时应指导学生按照填表要求规范认真填写,并严格做好审核把关工作。

第十一条 系部在收齐国家奖学金申报材料后,由评审小组通过民主评议等方式等额确定本系部拟推荐学生名单。系部拟推荐学生名单确定后,应在系部范围进行不少于5个工作日的公示,如无异议,按程序报学院学生资助管理中心。

第十二条 学院学生资助管理中心归集本校国家奖学金推荐学生材料,按照有关文件规定审查学院评审程序是否规范,推荐学生资格条件是否符合要求。审查无异议后,应在学院范围内进行不少于5个工作日的公示,如无异议,将评审情况及结果报评审领导小组审核。评审领导小组审核通过后,报上级主管部门复审、终审。

第五章 奖学金的发放、监督及检查

第十三条 国家奖学金的评选坚持公开、公平、公正的原则,严格按评审程序操作,接受纪检监察部门的监督,防止不正之风。

第十四条 学生资助管理中心及各部门要严格执行国家奖学金资金专款专用的规定,在收到上级部门批复文件后,在收到资助资金10日内将奖学金足额发给获资助的学生,不准截留、挪用和挤占,同时自觉接受审计和纪检监察等部门的检查和监督。

第六章 国家奖学金的取消

第十五条 在评审期间及评定后,有违反学院相关政策规定的、受校纪校规处分的,取消其国家奖学金获奖资格,已发放奖励的要取消其荣誉称号并收回荣誉证书及奖金。

第七章　附　　则

第十六条　本办法由学生资助管理中心负责解释。

第十七条　本办法自公布之日起施行。

十一、常德职业技术学院国家励志奖学金管理办法

常德职业技术学院国家励志奖学金管理办法

第一章　总　　则

第一条　为激励家庭经济困难学生勤奋学习、努力进取，在德、智、体、美等方面得到全面发展，国家设立"国家励志奖学金"。根据《国务院关于建立健全普通本科高校、高等职业学校和中等职业学校家庭经济困难学生资助政策体系的意见》（国发〔2007〕13号）、《普通本科高校、高等职业学校国家励志奖学金管理暂行办法》（财教〔2007〕91号），结合我院实际情况，特制定本管理办法。

第二条　国家励志奖学金由中央财政出资设立，用于奖励我院全日制二年级以上（含二年级）专科生和高职五年级学生中品学兼优的家庭经济困难学生。

第二章　奖励标准及申请条件

第三条　国家励志奖学金每学年评审一次，奖励标准为每人每年5 000元。

第四条　在同一学年内，申请并获得国家励志奖学金的学生，不能同时获得国家奖学金，但可同时申请并获得国家助学金。

第五条　国家励志奖学金申请条件及要求：

（一）基本条件要求

1. 热爱社会主义祖国，拥护中国共产党的领导；

2. 遵守宪法和法律，遵守学校规章制度，无违纪违规现象，未受过学校违纪处分；

3. 诚实守信，道德品质优良；

4. 家庭经济困难，生活简朴，经认定为家庭经济困难学生。

（二）学习年限要求

专科二年级（含二年级）以上学生和高职五年级学生具备申请资格；

（三）评选成绩要求

学习成绩优秀，上学年无课程考试不及格（含公选课）现象，专业成绩排名、综合素质测评成绩排名均位于本年级本专业前25%；

第三章 评审程序及其他说明

第六条 学生根据本办法规定的申请条件向所在系部申报。

第七条 各系部应成立由分管领导为组长、班主任、辅导员、学生代表等为组员的评审小组，通过民主评议等方式确认本系部拟推荐学生名单，公示5个工作日后推荐至学生资助管理中心。

第八条 学生资助管理中心汇总各系部拟推荐名单并组织召开评审会议，经审议通过进行全校公示5个工作日后，将拟推荐名单上报上级主管部门。

第四章 发放、监督及检查

第九条 国家励志奖学金获奖名单经上级部门审核通过后，学院于每年12月30日前为获奖学生颁发奖金。

第十条 国家励志奖学金实行公示制，各系部及学生资助管理中心坚持公开、公平、公正的原则，严格按评审程序操作，主动接受纪检监察部门的监督，杜绝不正之风。

第十一条 管理部门及各系部要严格执行国家励志奖学金资金专款专用的规定，及时将奖学金足额发放给获奖学生，不准截留、挪用和挤占，同时自觉接受审计等部门的检查和监督。

第五章 国家励志奖学金的取消

第十二条 在评审期间及评定之后，有下列情形之一者，取消其国家励志奖学金获奖者荣誉称号，并收回奖金：

（一）有超过一般学生的高消费现象，生活奢侈浪费；

（二）弄虚作假，谎报家庭经济情况；

（三）违反学校相关政策规定，受校纪校规处分。

第六章 附　则

第十三条 本办法由学生资助管理中心负责解释。

第三章 资助政策

第十四条 本办法自公布之日起施行。

十二、常德职业技术学院国家助学金管理办法

常德职业技术学院国家助学金管理办法

第一章 总则

第一条 为体现党和政府对家庭经济困难的普通高等学校学生的关怀，帮助他们顺利完成学业，激励他们勤奋学习、努力进取，促进他们德、智、体、美等方面全面发展，国家设立了"国家助学金"。根据《普通本科高校、高等职业学校国家助学金管理暂行办法》（财教〔2007〕92号），结合我院实际情况，特制定本办法。

第二条 国家助学金的资助对象为我校全日制专科和高职四、五年级在校生中的家庭经济困难学生。

第二章 国家助学金评选

第三条 国家助学金的评选坚持公开、公平、公正原则。

第四条 国家助学金按学年申请和评审，每年评定一次，主要用于学生解决因为家庭经济困难造成的生活和部分学习费用。

第五条 国家助学金的等级分为三等，一等助学金为每生每年4 400元，二等助学金为每生每年3 300元，三等助学金为每生每年2 200元。学校将根据上级主管部门下拨的指标，统筹规划，向各系下拨推荐指标。

第六条 国家助学金的申请条件

1. 热爱社会主义祖国，拥护中国共产党的领导；
2. 遵守宪法和法律，遵守学校规章制度；
3. 诚实守信，道德品质优良；
4. 勤奋学习，积极上进；
5. 家庭经济困难，生活俭朴。

第七条 国家助学金的申请、评审及发放

（一）由学生本人提出申请，经所在班级推荐、系部初审，确定资助档次并公示后，由系部将申请学生的《国家助学金申请表》及《国家助学金学院推荐人选情况一览表》送交学生资助管理中心办公室。

（二）学生资助管理中心结合本校家庭经济困难学生等级认定情况，组织评

审，提出享受国家助学金资助初步名单及资助档次，经学院评审委员会研究通过后，将本院当年国家助学金政策的落实情况报至湖南省教育厅备案。

（三）在同一学年内，申请并获得国家助学金的学生，可同时申请并获得国家奖学金、国家励志奖学金或其他奖学金。

（四）国家助学金由学生资助管理中心按月发放至获助学生的银行卡中。

第八条 有超过一般学生的高消费现象，消费行为与个人经济情况明显不符，弄虚作假，谎报家庭经济情况者，取消其国家助学金补助资格。

第三章 附 则

第九条 本办法由学生资助管理中心负责解释。

第十条 本办法自公布之日起施行。

十三、常德市中等职业学校国家助学金申请指南

常德市中等职业学校国家助学金申请指南

一、资助对象和条件：

（一）对象

1. 一、二年级涉农专业学生。

2. 一、二年级武陵山、罗霄山集中连片特殊困难地区农村学生（不含县城）。

3. 各类特殊教育学校中的残疾中职学生。

4. 一、二年级非涉农专业家庭经济困难学生（资助比例为15%）。

（二）基本条件

1. 在籍在校。

2. 家庭经济困难，生活俭朴。

3. 未受到记过及以上处分。

二、资助标准：平均资助标准为每生每学年2 000元，分一档4 000元、二档3 000元、三档1 000元三个档次。第一档资助比例控制在总资助人数的15%以内。

三、申报程序：国家助学金按学年申请和评审，按学期发放。

1. 学生申请：资助对象的前三类学生无须申请，只需填写《常德市中等职业学校学生家庭经济困难程度调查表》，并递交相关原始证件的复印件（如户籍簿、低保证、残疾证、重大疾病住院证明等）。第四类学生须填写申请表和调查表，并向学校提交家庭经济困难的原始证件的复印件。

2. 学校审核。学校对学生的家庭经济困难程度进行量化评分和核查，并根

据得分高低提出国家助学金资助名单和等级。

3. 学校公示。学校在校内进行不少于 5 个工作日的公示，并为学生统一办理中职资助卡。

4. 中心复核。

5. 打卡发放。

6. 学校建档。

特别提醒：为快速办理资助卡，请大家准备好以下资料：

（1）办理了身份证：学生身份证复印件（正反）

（2）未办理身份证：提供户口本

户口本第一页（有户主和户号）；户主的内页（户主信息）；户口本上学生那一页（证明户主和学生关系）

十四、常德市中等职业学校免学费申请指南

常德市中等职业学校免学费申请指南

一、资助对象和条件

对象：

1. 一、二、三年级农村学生（含县镇）。

2. 一、二、三年级城市涉农专业学生。

3. 各类特殊教育学校中的全日制残疾中职学生。

4. 10%的一、二、三年级城市非涉农专业家庭困难学生。

基本条件：与国家助学金条件相同。

二、资助标准：教育部门学校每生每年 2 400 元。

三、申报程序：资助对象中的第一、二、三类学生无须申请，由学校直接将符合条件的学生纳入免学费对象。第四类学生须提出申请，申报程序与国家助学金相同。

十五、常德职业技术学院学生奖学金管理办法

常德职业技术学院学生奖学金管理办法

第一章　总　　则

第一条　为进一步加强校风建设，激励广大学生遵纪守法、勤奋学习、积

极进取，促进学生在德智体美劳等方面得到全面发展，综合素质不断提高，根据国家奖学金管理有关规定，结合学校实际，特制定本办法。

第二条 学院学生奖学金由学院出资设立，学院按一定比例从事业收入中提取相应资金用于奖励学院全日制在校学生中优秀的学生，奖学金管理委员会根据各系学生人数、政策导向等因素确定各系奖学金金额。

第三条 学生奖学金的评选工作坚持公平、公正、公开和实事求是的原则。奖学金专款专用，同时接受学院纪检监察、审计以及上级主管部门的检查和监督。

第二章 评审机构与职责

第四条 学院成立奖学金管理委员会，由学院分管领导和学生处、教务处、财务处、纪检监察室等部门负责人组成。主任由分管学生工作的校领导担任。奖学金管理委员会下设办公室，办公室设在学生处。

第五条 学生处负责学生奖学金的评审工作，并对各系奖学金评选工作进行检查、监督和考核，组织审议各系推荐的获奖学生名单。

第六条 各系成立奖学金评审工作小组，负责本系奖学金的评审工作。各系评审工作小组成员应包括：分管学生工作负责人、分管教学工作负责人、学生干事、辅导员代表、班主任代表和学生代表等。

第三章 奖学金设置和评选条件

第七条 综合奖学金设四类：特等奖学金、甲等奖学金、乙等奖学金和丙等奖学金。

第八条 综合奖学金奖励标准

特等奖学金：3 000元/年/人

甲等奖学金：2 000元/年/人

乙等奖学金：1 500元/年/人

丙等奖学金：1 000元/年/人

第十条 综合奖学金的基本申请条件

（一）热爱社会主义祖国，拥护中国共产党的领导，坚持四项基本原则，政治思想素质高，自觉遵守宪法和法律，模范遵守学院各项规章制度，德、智、体、美、劳等方面全面发展，学年度操行分在90分以上。

（二）参评学年度无下列情形：留级、休学；无正当理由拖欠学费；未正常报到注册;违规违纪受到纪律处分。

(三)积极参加社会实践和集体活动。

(四)学习成绩优异,各等级综合奖学金相应学习成绩的要求:

1. 特等奖学金

(1)学习成绩特别优秀,参评学年度各科考试成绩平均95分以上(含95分),单科成绩90分以上(含90分),各考查课成绩为优秀。

(2)积极参加集体活动,体育成绩达到国家体育锻炼优秀标准。

2. 甲等奖学金

(1)学习成绩优秀,参评学年度的学业成绩平均90分以上,且排名在本年级本专业评选范围的5%以内。

(2)积极参加集体活动,体育成绩达到国家体育锻炼优秀标准。

3. 乙等奖学金

(1)学习成绩优秀,参评学年度的学业成绩平均85分以上,且排名在本年级本专业评选范围的8%以内。

(2)积极参加集体活动,体育成绩达到国家体育锻炼良好标准。

4. 丙等奖学金

(1)学习成绩良好,参评当学年度的学业成绩平均80分以上,且排名在本年级本专业评选范围的10%以内。

(2)积极参加集体活动,体育成绩达到国家体育锻炼合格标准。

第十一条 单项奖学金设七类:学习突出奖、社会实践奖、社会公益活动奖、特殊贡献奖、优秀干部奖、创新创业奖、文体活动积极奖。

第十二条 单项奖学金奖励标准

学习突出奖:500元/年/人

社会实践奖学金:500元/年/人

社会公益活动奖学金:500元/年/人

特殊贡献奖:500元/年/人

优秀学生干部奖:500元/年/人

创新创业奖:500元/年/人

文体活动积极奖:500元/年/人

第十三条 单项奖学金的基本申请条件

(一)热爱社会主义祖国,拥护中国共产党的领导,坚持四项基本原则,政治思想素质高,自觉遵守宪法和法律,模范遵守学院各项规章制度,德、智、体、劳等方面表现好，学年度操行分在 90 分以上。

（二）学习目的明确，学习态度好。

（三）参评学年度无下列情形：留级、休学；无正当理由拖欠学费；未正常报到注册；违纪受到纪律处分。

（四）单项奖学金相应的要求

1. 学习突出奖

参评学年度学习成绩在本班排名前六名且各科成绩均在及格以上，综合考评优良，且未获得其他奖学金者。

2. 社会实践奖学金

参评学年度积极参加社会实践活动并取得优异成绩（写出有价值的调查报告、产生良好的社会影响、受到省市级及以上表彰奖励）。且未获得其他奖学金者。

3. 社会公益活动奖

参评学年度在社会公益活动中或在青年志愿者工作中成绩非常突出，产生较好的社会影响，或成为学生道德楷模。

4. 特殊贡献奖

参评学年度因见义勇为、好人好事等方面被社会媒体广泛报道具有良好社会影响力，或其行为被学院行文表彰，或其案例被学院正式推广；或为学院发展做出重要贡献者。

5. 优秀干部奖

参评年度优秀干部评选对象：院学生会、院团委、院易班发展中心、系学生会、系团委、系易班发展中心，参评范围：院系各类优秀干部中评选 5%，各类优秀干部奖学金不兼得，奖金就高不就低。

参评学年度院系各级优秀学生干部表现突出、工作责任心强，工作认真负责，在学生干部当中能起到模范带头作用。

6. 创新创业奖

参评年度评选对象：各系创新创业部学生干部、创新创业团队成员、创新创业实践活动积极分子且在创新创业方面有突出表现并取得优异成绩。

7. 文体活动积极奖

参评年度积极参加各项文体活动，服从安排，在文体活动中能够发挥自身作用且表现突出或取得优异成绩。

第四章　评审程序

第十四条　学院奖学金每学年秋季学期组织评选，由学生自行申请，实行等额评审。

第十五条　学院奖学金的一般评审程序如下：

（一）学院奖学金管理委员会办公室按学生人数比例向各系部分配奖学金额度。

（二）各系奖学金评审工作小组对申请学院奖学金学生根据标准比例进行初评。

（三）各系对初评结果进行系部公示并上报至学生处。

（四）学生处根据系部上报的初评结果进行评审。

（五）学生处拟定获奖学生名单，并在全院进行公示评审结果。

（六）公示无异议后，由学院奖学金管理委员会审定获奖名单。

（七）表彰获奖学生，并发放荣誉证书和奖金。

第十六条　学院奖学金评选采用院、系两级公示制度，各级公示时间不少于5个工作日。

第五章　奖学金发放、管理与监督

第十七条　学院于每年12月将学生奖学金一次性打卡发放给获奖学生，颁发奖励证书，获奖学金的学生要填写《奖学金申请表》，由各系负责存入学生本人档案。

第十八条　必须严格执行国家相关财经法规和本办法的规定，对学生奖学金实行分账核算，专款专用，不得截留、挤占、挪用，同时接受纪检监察、审计以及上级主管部门的检查和监督。

第六章　附　　则

第十九条　同一事项符合多项奖学金条件的，按"就高不就低"的原则，只享受一项奖学金，不重复奖励。

第二十条　本办法由学生处负责解释。

第二十一条　本办法自发布之日起施行，原《常德职业技术学院学生奖学金发放办法》同时废止。

基本情况	姓名		性别		出生年月	
	政治面貌		民族		入学时间	
	专业		学号		联系电话	

操行成绩	秋季学期：_____分_____春季学期：_____分

体育成绩	秋季学期：_____分_____春季学期：_____分

学习情况	成绩排名：___/___（名次/总人数） 课程___门，其中及格以上___门	教务处意见： 签字（盖章） 年　月　日

申请理由 （100字）	 申请人签名（手签） 年　月　日

财务处意见： 签字（盖章） 年　月　日	系部意见： 签字（盖章） 年　月　日

学生处意见：
　　根据常职院〔　　〕　　号文件规定，同意评定_____同学为_____奖学金。

　　　　　　　　　　　　　　　　　　　　　　　　签字（盖章）
　　　　　　　　　　　　　　　　　　　　　　　　年　月　日

附件：常德职业技术学院学生奖学金审批表

系：_____ 班级：_____

申请奖学金等次：_____

十六、常德职业技术学院教育基金会助学金评选管理暂行办法

常德职业技术学院教育基金会助学金评选管理暂行办法

为鼓励支持家庭经济困难的学生顺利完成学业，做好学生帮困、助学、育人工作，完善学院学生资助体系，确保学院教育基金会助学金评选、发放客观公正，规范有序。根据《常德职业技术学院教育基金会章程》细则，特制定本办法。

一、评选对象

常德职业技术学院全日制在籍学生。

二、资金及名额

学院教育基金会助学金每年安排资金 30 万元，用于资助学院全日制在校家庭贫困学生 200 名，其中甲等助学金 100 名，每名资助 2 000 元；乙等助学金 100 名，每名资助 1 000 元。

三、助学金的基本申请条件

1. 热爱社会主义祖国，拥护中国共产党的领导。
2. 自觉遵守宪法和法律，遵守学校各项规章制度。
3. 诚实守信，道德品质优良。
4. 勤奋学习，积极上进。
5. 家庭经济困难，生活俭朴。
6. 其他符合困难资助的特殊情况。

四、有下列情况之一者，不得申请助学金

1. 谎报家庭经济困难情况或本人生活状况，一经查实立即取消资格，并追回享受的全部资助费用。
2. 吸烟、酗酒、大吃大喝和铺张浪费的，或有超过一般学生的高档消费现象的。
3. 违反学校纪律，受相关处分者。
4. 因个人学习不努力，在一学期有两门及两门以上不及格者。

5. 在休学、停学或保留入学资格期间者。

五、评审程序

1. 助学金每年10月开始组织评选，每年12月组织发放。具体时间由学院教育基金会制定工作日程安排。

2. 由学院教育基金会和学生处学生资助中心根据各系在校学生人数分配确定助学金评选名额。

3. 各系应成立由学生代表和教师代表等参加的评审小组，系分管学生工作的负责人担任组长。

4. 学生可根据申请条件，向所在班级申请（每学年一次，符合条件的学生可连续申请），并填写《常德职业技术学院教育基金会助学金申报表》，并提供家庭经济困难证明材料。

5. 各系评审小组根据申请学生的家庭情况及表现，按分配名额确定贫困助学金推荐名单后，对推荐学生名单进行公示，公示期为7个工作日。公示期间如对推荐名单存有异议，各系应对推荐名单进行相应调整。公示无异议后的名单，报送院学生处学生资助管理中心进行条件审核，家庭经济困难证明材料存档，负责人签署意见后，送学院教育基金会审查。助学金由基金会工作人员实行打卡发放。

六、本办法由常德职业技术学院教育基金会负责解释。

十七、常德职业技术学院学生勤工助学管理办法

常德职业技术学院学生勤工助学管理办法

第一章 总 则

第一条 为规范管理学生勤工助学工作，促进勤工助学工作有序开展，保障学生的合法权益，培养学生自立、自强、自信的精神，增强学生的社会实践能力，帮助学生顺利完成学业，根据教育部、财政部《高等学院学生勤工助学管理办法》（教财〔2007〕7号），制定本办法。

第二条 本办法所称勤工助学工作是指学生利用课余时间，通过劳动取得相应报酬，用于改善学习和生活状况的社会实践活动。

第三条 勤工助学工作应按照自愿申请、扶困优先、竞争上岗、遵纪守法的原则，由学院在不影响正常教学秩序和学生正常学习的前提下有组织地开展。

第四条 学生资助管理中心负责勤工助学工作的统一组织和管理。

第五条 学生工作部门、教务部门、财务部门和后勤服务部门要发挥职能优势，在学生勤工助学工作安排、人员配备、资金落实、活动场所及助学岗位设置等方面给予大力支持，为学生勤工助学工作提供指导、服务和保障。任何单位或个人未经学生资助管理中心同意，不得在校内招录学生参加勤工助学。

第六条 学生参加勤工助学必须遵守国家法律、法规以及学院、用人单位的规章制度，履行勤工助学工作的有关协议，不得参加国家法律法规及学院规定所禁止的以及有损大学生形象、有碍社会公德的活动。

第七条 学生因参与勤工助学所引起的责任事故或经济纠纷，由用人单位、学生资助管理中心协助当事人进行处理。对于学生私自在校外参加的勤工助学行为，学院不承担相关责任。

第八条 学院应加强对勤工助学学生的思想政治教育，帮助他们树立正确的劳动观。对在勤工助学工作中表现突出的学生予以表彰和奖励。对在勤工助学工作中违反校纪校规的，按照学院管理规定进行教育和处理。

第二章 岗位设置与信息发布

第九条 学生勤工助学岗位的类型包括固定岗位和临时岗位。

（一）固定岗位是指持续一个学期以上的长期性岗位；

（二）临时岗位是指不具有长期性，通过一次或多次勤工助学活动完成的工作岗位。

第十条 学院应充分利用校内外资源，增加勤工助学岗位。校内勤工助学岗位设置应对参与学生有所提高，以校内教学助理、科研助理、行政管理助理、后勤服务等为主。

第十一条 勤工助学固定岗位的设立，由各用人单位在每学期初向学生资助管理中心申报，经学生处研究批准。

第十二条 勤工助学临时岗位，可根据用人单位需要提前7个工作日向学生资助管理中心申报、审批。

第十三条 校外企事业单位、团体或个人面向我院学生设立勤工助学岗位，一律由学生资助管理中心负责审查、报批和信息发布。未经允许私自招聘学生参与勤工助学的，学院不承担相关责任。

第十四条 勤工助学固定岗位在每学期初，学生资助管理中心根据各用人单位的需求确定勤工助学岗位数量、待遇及岗位要求，面向全院公开发布；勤工助学临时岗位根据用人单位申请情况发布。

第三章 岗位申请、招聘与录用

第十五条 学生申请勤工助学岗位应填写勤工助学申请登记表,由学生所在系部主管学生工作负责人签署意见,附同本人及家庭经济状况证明材料一并递交学生资助办公室。学生资助管理中心审查、确认具备勤工助学资格的学生名单,并建立相关数据档案。

第十六条 本着"公开、公平、公正"的原则,用人单位根据岗位要求进行公开招聘,择优录取。

第十七条 家庭经济困难的学生优先录用。

第十八条 同一名学生不得同时参与两项及以上的校内勤工助学工作。

第十九条 勤工助学岗位人员录用结果,由学生资助管理中心公开发布,并具体通知被录用人员。

第二十条 因岗位不足而未录用的、符合勤工助学条件的学生,可以参加临时岗位招聘或由学生资助管理中心根据新的岗位需求推荐录用。

第二十一条 学生一经录用,应当在规定时间内凭岗位录用通知单、学生证到用人单位报到上岗。

第二十二条 学生录用后因故不能按时上岗的,应当在规定时间内向学生资助管理中心作出说明;否则视为自动放弃岗位,且此后一年内,学生资助管理中心不受理其勤工助学申请。

第四章 岗位管理、考核及报酬发放

第二十三条 学生进行勤工助学,应限于假期和课余时间,不得以参加勤工助学为由缺勤,影响正常教学及集体活动。学生因勤工助学而影响专业学习的,学生资助管理中心有权调整或停止其勤工助学活动。

第二十四条 校内设岗单位负责对从事勤工助学学生的管理与考核,建立勤工助学人员的上岗、离岗和工作记录,并建立其工资台账。

第二十五条 勤工助学岗位报酬原则上每小时不低于人民币12元,每月工作时间不低于20小时、不高于40小时。

第二十六条 校内设岗单位应于每月的月初将本单位勤工助学学生工作考核情况及工资发放金额送交学生资助中心办公室。学生资助管理中心据此安排发放报酬,原则上采用银行卡形式按月发放。

第二十七条 学生在校内参加勤工助学工作的,由各设岗单位与学生签订具有法律效力的协议书。协议书必须明确学院、设岗单位和学生等各方的权利和义务。签订协议书并办理相关聘用手续后，学生方可参加勤工助学工作。

第二十八条 各用人单位应尊重和维护学生的正当权益，为学生提供必要的工作环境和条件，不得组织学生参加有毒有害的危险工作，不得安排勤工助学学生从事老师本职岗位工作。

第二十九条 在勤工助学工作中，若出现协议纠纷或学生意外伤害事故，协议各方应按照签订的协议协商解决。如不能达成一致意见，按照有关法律法规规定的程序办理。

第五章 附 则

第三十条 本办法由学生资助管理中心负责解释。

第三十一条 本办法自公布之日起施行。

附件一：

常德职业技术学院学生勤工助学协议书

用人单位（甲方）：
学　　生（乙方）：

为规范管理我校勤工助学工作，促进勤工助学活动健康、有序地开展，保障学生和用人单位的合法权益，本着公平公正的原则，甲、乙双方平等自愿签订此协议。

第一条 甲方承诺

一、根据本单位的工作实际，在乙方课余时间安排勤工助学工作。

二、保证乙方的工作内容合法，适宜学生工作，不组织从事高空、过重、辐射、腐蚀及有损学生身心健康的其他危险工作。

三、不得以任何形式向乙方收取任何费用，无正当理由不得无故辞退乙方。

四、加强对乙方的管理和教育，明确工作要求和工作纪律。

五、对乙方进行安全知识、产品知识、工作技巧等的培训。

六、乙方在工作期间发生的人身安全事故，由甲方承担一切责任。

七、向学院提出有关勤工助学工作的建议，按时客观地向学校反映乙方的工作情况，根据乙方工作表现提出奖惩意见。

八、协助学校做好本单位的勤工助学工作。

第二条 乙方承诺

一、签署本协议基于其真实意思表示。

二、向甲方提供的所有文件、资料和凭证等书面材料均为准确、真实、完整和有效的。

三、认真学习，积极参加校院活动，在学有余力的情况下报名参加勤工助学活动。

四、服从甲方和学校的管理。

五、按要求完成甲方所安排的工作任务。

六、有权拒绝甲方提出的岗位工作以外的不合理要求，不参加可能产生不良影响的活动。

七、乙方因违章作业、违反工作纪律所发生的人身安全事故，由乙方本人负责。

八、遵守国家的法律法规、学校的校纪校规以及甲方的规章制度。

第三条　协议解除

一、甲方不履行协议或不按规定支付乙方劳动报酬的，乙方有权解除本协议。

二、乙方严重违反国家法律法规、校纪校规以及甲方岗位要求的，或乙方因学习、身体状况等原因不能再从事勤工助学工作的，甲方则有权解除本协议。

第四条　法律适用及争议解决

一、本协议适用中华人民共和国法律。

二、在协议履行期间，凡因履行本协议所发生的或与本协议有关的一切争议、纠纷，双方可协商解决。如果协商开始后60天仍无法达成一致意见，任何一方都可向甲方所在地人民法院申请诉讼。

第五条　合同生效

一、本协议未尽事宜或与国家有关法律、法规、劳动规章规定相抵触时，按照国家有关法律、法规、政策办理。

二、本协议经甲、乙双方签字，鉴证方认可后生效。

三、本协议一式三份，甲、乙双方各执一份，鉴证方留存一份，均具有同等法律效力。

第六条　补充条例

甲方地址：

法人姓名：

甲方签章：

联系电话：

日期：　　年　月　日

乙方居民身份证号：
所在院系：　　　　　　　　　　专业：
学　　号：　　　　　　　　　　联系电话：
家庭通信地址：
家庭联系电话：
乙方（签字、捺印）：
日　　期：　年 月 日
部门名称
协议鉴证方

鉴证机构（签章）　　　　　　　鉴证人：

　　年 月 日

第四章

职 业 规 划

第一节　职业生涯规划与设计

当今社会处在变革的时代，到处充满着激烈的竞争。物竞天择，适者生存，职业活动的竞争非常突出。要想在这场激烈的竞争中脱颖而出，并立于不败之地，必须做好自己的职业生涯规划与设计。

一、职业生涯规划的意义

(1) 职业生涯规划可以发掘自我潜能，增强个人实力。
(2) 职业生涯规划可以增强发展的目的性与计划性，提升成功的机会。
(3) 职业生涯规划可以提升应对竞争的能力。

二、职业生涯规划的含义与特征

(一) 职业生涯规划的含义

职业生涯规划是指在对一个人职业生涯的主客观条件进行测定、分析、总结的基础上，对个人的兴趣、爱好、能力、特点进行综合分析与权衡，结合时代特点，根据个人的职业倾向，确定其最佳的职业奋斗目标，并为实现这一目标做出行之有效的安排。

(二) 职业生涯规划的特征

(1) 可行性。规划要有事实依据，不能是美好幻想或不着边的梦想，否则会延误良机。
(2) 适时性。规划是预测未来的行动、确定将来的目标，因此各项主要活动何时实施、何时完成,都应有时间和顺序上的安排,以作为检查行动的依据。

(3) 适应性。规划未来的职业生涯目标,牵涉多种可变因素,因此规划应有弹性,以增加其适应性。

(4) 连续性。人生的每个发展阶段应能持续、连贯地衔接。

三、职业生涯规划的步骤

大学生职业生涯规划的基本步骤如下:

第一步:自我认知,即客观认识自我、准确职业定位。

职业生涯规划最基础的工作首先是"知己",即要客观、全面地认清自我,充分了解自己的职业兴趣、能力结构、职业价值观、行为风格、优势与劣势等。人才素质测评是全面、科学地认识自我的有效手段和工具。

我们至少需要了解以下四个方面:① 职业兴趣——喜欢干什么;② 职业技能——能够干什么;③ 职业价值观——最看重什么;④ 个人特质——适合干什么。

第二步:职业认知,即评估职业机会、知己知彼。

除了要正确、客观地认识自我,还必须更多地了解各种职业,尤其是一些热门行业、热门职位对人才素质与能力的要求。深入地了解这些行业与职位的需求状况,结合自身特点评估外部事业机会,才能选择可以终生从事的理想职业。

对职业机会的评估需要理性,真正做到知己知彼。切忌想当然,对不熟悉的行业和职位不切实际地向往,结果是费了九牛二虎之力进入城中,一入围城马上受到现实残酷冲击,迫不及待又要出城,兜兜转转之间,岁已蹉跎,空自消磨。

第三步:确定目标和路径,即择优选择职业目标和路径。

职业生涯规划的核心是制定自己的职业目标和选择职业发展路径。通过前面两个步骤,对自己的优势、劣势有了清晰的判断,对外部环境和各行各业的发展趋势和人才素质要求有了客观的了解,在此基础上制定出符合实际的短期目标、中期目标与长期目标。

正确的职业选择至少应考虑兴趣、性格、特长、价值观、内外环境等几方面因素。

第四步:计划、策略、行动,即终生学习、高效行动。

在确定了职业生涯目标后,行动便成了关键的环节。没有行动,目标就难以实现,更谈不上事业的成功。这里所指的行动,是指落实目标的具体措施,主要包括工作、训练、教育、轮岗等方面的措施。

第五步：动态反馈调整，即与时俱进、灵活调整。

俗话说："计划赶不上变化"，影响职业生涯规划与发展的因素很多，有的因素是可以预测的，而有的因素却难以预测。在此状况下，要使职业生涯规划行之有效，就必须不断地对职业生涯规划进行评估与调整。其调整的内容包括：职业的重新选择；职业生涯路线的选择；人生目标的修正；实施措施与计划的变更，等等。

当然，事在人为，再优秀、再动人的职业生涯规划也取代不了个人的主观努力。职业生涯规划的目的是建立目标、树立信心，职业生涯规划只是走向成功的必要手段，能否成功则主要取决于个人的努力。

四、职业生涯目标规划举例

（1）定出未来发展目标：你想干什么？想成为什么样的人？想做哪一件大事？想取得什么成就？想发挥自己哪一方面的优势与特长？想成为哪一专业的佼佼者？把这些问题确定后，你的人生目标也就确定了。当然目标是建立在自我分析与内外环境分析的基础上的，否则目标就失去意义了。

（2）定出今后十年大计：为什么定十年不定二十年呢？因为二十年太长，容易令人泄气，十年正合适，而且十年工夫，足够干成一件大事。今后十年，你希望自己成为什么样子？有什么样的事业？要过上什么样的生活？你的家庭与健康水平如何？你将获得什么样的社会地位？这些都可以一条一条地计划好，记录在案。

（3）定出五年计划：定出五年计划的目的，是将十年大计分阶段实施，并将计划进一步具体、细化，将目标进一步分解。

（4）定出三年计划：俗话说，五年计划看头三年。因此，你的三年计划，要比五年计划更具体、更详细，因为计划是你的行动准则。

（5）定出明年计划：定出明年计划，以及实现计划的步骤、方法与时间表。计划要具体、切实可行。如果从现在开始制定目标，则应单独定出今年的计划。

（6）定出下月计划：下月计划应包括下月计划做的工作、应完成的任务，质和量方面的要求，财务上的收支，计划学习的新知识和有关信息，计划结识的新朋友，等等。

（7）定出下周计划：计划的内容与上述（6）相同。重点在于具体、详细、切实可行。而且每周末提前计划好下周的计划。

（8）定出明日计划：明天计划要做哪几件事？哪几件事是最重要的？把它们挑来，取最重要的三至五件事，按事情的轻重缓急，按先后顺序排好队，明日按计划去做可以避免"捡了芝麻、丢了西瓜"，对一个人提高办事效率大有好处。

第二节　大学生创新创业指导

一、创业准备

（1）了解企业法律制度，如：成立合伙企业、有限责任公司、股份有限公司的相关法律法规。

（2）市场调研。

（3）心理准备，如：创业意识、信心、胆识、主见、爱心以及风险的承担，等等。

（4）资金准备。

二、创业的一般过程

尽管各行各业千差万别，但是经济活动还是有许多程序、步骤是每一个创业者都必须经历的。

（1）选择企业形式。企业形式有合伙制和公司制。其中有限责任公司的注册资金法定最低额为3万元。

（2）选择营业地址。

（3）聘请员工。

（4）开始营业。

（5）核算效益。

（6）修改计划。

三、申请证照的步骤

（一）提供注册资料

（1）个人资料，包括身份证、户口本复印件或户籍证明、居住地址、联系电话等。

（2）注册资金。

（3）拟注册公司名称。

（4）公司经营范围。

（5）注册地址、生产许可证、租赁合同。

（二）办理流程

（1）企业名称核准。

（2）刻章、验资。

（3）办理营业执照。

（4）办理组织机构代码证。

（5）办理税务登记证。

（6）开立银行账户。

（7）购买发票。

（三）几点要注意的问题

（1）办理流程中的（1）~（4）项在工商部门办理；第（5）项及第（7）项在税务部门办理；第（6）项在银行办理。如果你不想麻烦，可以请中介代劳。

（2）选择营业地址时要注意：营业地址与本行业的契合度、该地方的人气、同行业竞争程度、交通状况、自己对该地方的环境和人文的熟悉程度、消费水平，等等。

（3）聘请员工时要注意：店铺刚开业，聘请的员工不宜过多；员工的素质、工资、培训不可小视；聪明的老板既能利用好社会已有的人才，又能为社会培养人才，从他门下走出去的人才越多，他的活广告越有力。

（4）开业典礼时应注意：开业典礼是融通各种社会关系的重要手段。举行开业典礼一定要做到面面俱到，如政府主管、同行对手、朋友同学、部下等。

（5）首次核算。创业时期的老板一定要事无巨细，在金钱的进出上严格把关，这不是吝啬、抠门，是要把钱花得明白，认清盈亏，及时把握企业发展的脉搏、方向和前途。

（6）调整、完善计划。现代市场经济瞬息万变，要随时准备修改创业计划。要对企业进行深入研究、分析，找出成败原因，千万不能打糊涂仗。

第三节 学生职业道德规范

一个人要想像雄鹰一样展翅高飞，就必须有智慧和良好的道德这双坚硬的翅膀。而职业道德素质则是一个人未来职业生涯是否成功的关键。良好的职业道德素质，能够使劳动者忠实地履行自己的职责。作为新世纪的大学生，尤其是高职生，掌握职业道德及其规范的内容与要求，树立正确的职业道德观念，既有利于提高自身的职业道德素质，又有利于在职业活动过程中增加成功的机会。

一、职业道德

职业道德是人们在职业活动中所遵守的行为规范的总和，具有行业性、广泛性、实用性和时代性的特点，其核心是全心全意为人民服务，其基本原则是集体主义。

二、职业道德基本规范

职业道德基本规范包括爱岗敬业、诚实守信、办事公道、服务群众、奉献社会五个方面的内容。

三、职业道德行为养成

（一）职业道德行为养成的途径和方法

1. 在日常行为中培养

（1）从小事做起，严格遵守行为规范。

（2）从自我做起，自觉养成良好习惯。

2. 在专业学习中训练

（1）增强职业意识，遵守职业规范。

（2）重视技能训练，提高职业素养。干一行爱一行，干一行专一行。

3. 在社会实践中体验

（1）参加社会实践，培养职业感情。

（2）学做结合，知行合一。

4. 在自我修养中提高

（1）体验生活，经常进行"内省"。

（2）学习榜样，努力做到"慎独"。

（二）职业道德行为养成的作用

（1）提高综合素质。

（2）促进事业发展。

（3）实现人生价值。

（4）抵制不正之风。

第五章

心灵呵护

第一节　心灵小故事

一、快乐从心开始

终南山麓，水清草美。据说这一带出产一种快乐藤，凡是得到这种藤的人，一定喜形于色，笑逐颜开，不知道烦恼为何物。

曾经有一个人，为了得到不尽的快乐，不惜跋山涉水，去找这种藤。他历尽千辛万苦，终于到了终南山麓，在险峻的山崖上，找到了这棵快乐藤。可是他虽然得到这种藤，却发现他并没有得到预想中的快乐，反而感到一种空虚和失落。

这天晚上，他在山上一位老人的屋中借宿，面对皎洁的月光，他发出了一声长长的叹息。

老人闻声而至，问他："年轻人，什么事让你这样叹息呀？"

于是，他说出了心中的疑问：为什么已经得到快乐藤的自己，却没有得到快乐呢？

老人一听就乐了，说："其实，快乐藤并非终南山才有，而是人人心中都有。只要你有快乐的根，无论走到天涯海角，都能够得到快乐。"

老人的话让这个年轻人顿觉耳目一新，就又问："什么是快乐的根呢？"

老人就说："心就是快乐的根。"

智慧沙：

一个人快乐与否，不在于他拥有什么，而在于他怎样看待自己所拥有的。

快乐是一种积极的生活态度,谁都无法让我们无忧无虑地过活,唯有苦中作乐才能战胜忧愁,享受快乐。

二、明天还有希望

在古希腊神话中,有一个关于西齐弗的故事。

西齐弗因为在天庭犯了法,被天神惩罚,降到人世间来受苦。天神对他的惩罚是:要西齐弗推一块石头上山。

每天,西齐弗都费了很大的劲把那块石头推到山顶,然后回家休息。可是,在他休息时,石头又会自动地滚下来。于是,西齐弗就要不停地把那块石头往山上推。这样,西齐弗所面临的是:永无止境的失败。天神要惩罚西齐弗的,也就是要折磨他的心灵,使他在"永无止境的失败"命运中受苦受难。

可是,西齐弗不肯认输。每次,在他推石头上山时,他就想:推石头上山是我的责任,只要我把石头推上山顶,我的责任就尽到了,至于石头是否会滚下来,那不是我的事。

当西齐弗努力地推石头上山时,他心中显得非常平静,因为他安慰着自己:明天我还有石头可推,明天还不会失业,明天还有希望。天神因为无法再惩罚西齐弗,就放他回了天庭。

智慧沙:

西齐弗的命运可以解释追求成功时所遭遇的许多事情。如果能把命运转换成使命,那么,在很大程度上就能控制自己的命运。能控制自己的命运,还有什么做不成的?

第二节　心理素质测评

当同学们想了解自身的性格特性时，或者在进行职业生涯规划时想对自己有更深入的了解，以便更好地选择人生道路时，可以到心理健康教育中心进行心理素质测评。

所谓心理素质测评，是指通过一系列的科学方法，测试个体的智力水平和个性差异的一种测评方式。它是将科学与经验有机结合起来，针对评价目标，通过定性、定量的方式，对个人的能力、个性、知识水平、职业倾向和发展潜力等方面进行综合测试、分析和评价。与传统评价手段相比，其数据化、客观化的特征特别显著。它是建立在教育测量学、心理学、行为科学、管理学、计算机技术等基础上的一种综合方法。

心理素质测评的实质是对行为的测量，这些行为是心理活动的外在表现，是一组行为而不是单个行为。测评是对一组行为样本的测量，即所测量的行为组是有代表性的一组行为，任何个体在不同时间、空间与条件下的行为表现是不尽相同的，如果我们所测评的行为抽样不同，所得到的结果也会不同。心理素质测评的行为样本不一定是真实行为，而往往是概括化了的模拟行为，是一种标准化的测验，主要是指测验的编制、实施、记分及测验分数解释程序的一致性，而且也是一种力求客观化的测量。

我院心理健康教育中心有性格测试类量表、职业性向量表和心理健康类量表等多种心理素质测评表。

第三节　情绪调控方法

情绪是什么呢？情绪是人们在内心活动过程中所产生的心理体验。它影响着人们对世界事物是否能够正确认知，也影响着人们的健康，可以说，情绪和人们的生活息息相关。

如果说情绪存在于我们的体内，那么我们可以随心所欲地控制自己的情绪吗？好像也有不能的时候吧？因为有时候，本来不应该发火，却总是生气；想和朋友和解，却还是心存怨恨。

其实，情绪既属于自己，也不属于自己。当情绪属于自己时，我们可以做情绪的"主人";当情绪不属于自己时,我们就只能做情绪的"仆人"。当你遭遇情绪困扰,当沮丧、担忧、苦闷、烦躁等不良的情绪状态出现时,你知道如何去应对吗?你能及时、有效地调节好自己的情绪,做情绪的主人吗?下面向你介绍几种调节情绪的小方法。

(一)宣泄

宣泄是及时缓解当下情绪的一种最简单的方法。当你感到闷闷不乐时,你可以找朋友倾诉或者写写心理日记,这样,你可以"一吐为快"。

(二)发泄

发泄是自己的情绪在极度激动和难受中,做出的某些应激行为,如摔东西、用拳头击打物品,以缓解自己内心的紧张。学院心理健康教育中心设有情绪发泄房,可以帮助同学们缓解紧张、愤怒的情绪。

(三)转移

情绪反应是建立在高级神经中枢的暂时联系,当人们受到精神刺激时,大脑皮层就会建立起一个兴奋点,如果有意识地再建立一个兴奋点,就可能使原来的兴奋点受到抑制。所以,当你感到心情不爽时,可以去逛逛街、听听音乐,或者找些自己感兴趣的事来做,这样,你的心情会变得好一些。

(四)言语暗示

大家有机会接触心理学的话,会了解暗示的神奇作用。那么,在情绪不好时,怎么运用言语暗示法呢?举个例子来说,当你遇到令人气愤难当的事,预备与对方"大战一场"时,你可以在心里默默地念叨:"冷静点,冷静点,我不能和他一般见识,我会控制住自己的怒气,我一定会表现得很绅士的!"这与电视剧《武林外传》中郭芙蓉的做法是一样的,只不过她念的是:"世界如此美好,我却如此暴躁,这样不好,这样不好!"

(五)愉快回忆

我们常常有这样的体会,当我们沉浸于美好的回忆中时,心情自然而然会变得很舒畅,这就是运用了愉快回忆法来调整自己低落的情绪。

(六)积极认知

当你正遭遇挫折,感叹上天的不公与世道的不平时,看看你周围那些比你更不幸的人吧,这不是为了让你嘲笑他们,而是让你更懂得珍惜自己的幸运!

当你的面前摆着半杯水时,你会说什么呢?是"只有半杯水了",还是"还有半杯水"呢?如果你是"只有"一族,那么你可能为此感到沮丧;如果你是"还有"一族,那么你可能会为此感到庆幸。生活中的很多事就像这半杯水一样,它本身是不变的,给人带来的是好心情还是坏心情,就看它的主人了。所以，当你在生活中遇到不快的事时，不妨多想想它积极的一面，"塞翁失马，焉知非福"，这样，你就会越来越快乐！

（七）放松

当你陷入愤怒、恐惧、焦虑、忧愁等负性情绪状态时，可以深呼吸、叹气、打哈欠、伸懒腰或者做做放松训练，让自己彻底消除心慌气短、肌肉僵硬等全身性的紧张反应，取得松弛入境的效果。

学院心理健康教育中心为了更好地服务师生心理健康，更好地做好师生的放松训练，配套设有按摩放松椅。临床实践证明，放松训练对于治疗失眠、头痛和考试焦虑有显著效果。

（八）及时求助

当你使用了上述方法仍然不能调节好自己的情绪时，可别忘了及时求助，这也是一个人心理健康的表现。学院心理健康教育中心有专业的心理咨询服务，你可以向他们求助，让自己的情绪困扰得到缓解。

第四节　服务项目

一、心理健康教育

心理健康教育中心每学期组织开展心理健康教育活动，针对不同大学生群体的需要开展心理健康专题讲座，学校开设心理健康必修课，编写大学生心理健康宣传小册；指导大学生心理健康协会开展社团活动、组织各种形式的心理健康主题宣传教育活动；利用新媒体如心理健康网站、微信公众号、QQ 等方式进行大学生心理健康知识科普与宣传。

二、心理咨询

心理咨询是指由专业人员即心理咨询师运用心理学以及相关知识，遵循心理学原则，通过各种技术和方法，帮助求助者解决心理问题。

需要心理咨询的人群：

1. 生活中遇到重大选择时，犹豫不定者。
2. 学习压力大，无力承受但又不能自行调节者。
3. 初涉世事，对新环境适应困难者。
4. 经受挫折后，精神一蹶不振者。

5. 过分自卑，经常感到心情压抑者。
6. 在社交方面自感有障碍的人（如怯懦、自我封闭等）。
7. 在经历了失恋、单相思情况后，心灵创伤难"自愈"者。
8. 寝室人际关系不和睦，渴望通过指导改善者。
9. 患有某种身体疾病，对此产生心理压力者。
10. 经常厌食和暴食者。
11. 睡眠状态发生改变时的初期失眠者。
12. 轻度性心理障碍者。

三、心理危机干预

当一个人承受的压力超过了其应对能力就会出现心理危机。在大多数情况下危机可以在几周内顺利解决，但有时会逐步加重而导致人际关系和学习问题，甚至会使人产生自杀的想法。为解决严重的心理危机，通常需要朋友的支持以及咨询人员或心理医生的帮助。

（一）如何识别心理危机

1. 直接表露自己处于痛苦、抑郁、无望或无价情感中。
2. 易激怒，过分依赖，持续不断地悲伤或焦虑。
3. 流泪或想哭。
4. 注意力不集中、成绩下滑、经常缺勤。
5. 孤僻、人际交往明显减少。
6. 无缘无故地生气或与人作对。
7. 酒精的使用量增加。
8. 行为紊乱或古怪。
9. 睡眠、饮食或体重明显增减，过度疲劳。
10. 体质或个人卫生状况下降。
11. 作文、日记或其他发挥想象力的作品所透露出的主题为无望、脱离社会、愤怒、绝望、自杀或者死亡。
12. 任何书面或口头表达出的内容像是在临终告别或透露出自杀的倾向，如"我会离开很长一段时间"。
13. 出现自伤或自杀行为。

（二）如何帮助处于心理危机中的人

1. 向他们表达关心。询问他们目前面临的困难以及困难给他们带来的影响。
2. 多倾听，少说话。给他们一定时间说出内心的感受和担忧。

3. 要有耐心。不要因他们不能很容易与你交谈就轻言放弃。允许谈话中出现沉默，有时重要的信息在沉默之后出现。

4. 不要担心他们会出现强烈的情感反应。情感爆发或哭泣有利于他们的情感得到释放。

5. 保持冷静。要接纳，不做评判。也不要试图说服他们改变自己内心的感受。

6. 给予希望。让他们知道面临的困境能够有所改变。

7. 要留心任何自杀念头，不论他们用什么方式流露。不要害怕询问他们是否考虑自杀，这样不会使他们自杀，反而会挽救他们的生命。

8. 在结束谈话时，要鼓励他们再次与你讨论相关的问题，并且要让他们知道你愿意继续帮助他们。

9. 事先应知道他们可能会拒绝你要提供的帮助。有心理危机的人有时因难以承认他们无法处理自己的问题而加以否认。不要以为他们的拒绝是针对你本人。

10. 如果你发现他们有自杀的危险，不要承诺你会对此保密；千万不要让他们独处，也不要独自扛起帮助他们的责任；请立即联系辅导员老师，与其他人特别是学院心理健康教育中心专业人员一起承担帮助他们的责任。

学院心理健康教育中心地址：学生活动中心（学生服务中心对面）二楼

心理健康教育中心预约热线：0736-7270535

第六章

医 保 政 策

一、国务院关于整合城乡居民基本医疗保险制度的意见

国务院关于整合城乡居民基本医疗保险制度的意见

各省、自治区、直辖市人民政府,国务院各部委、各直属机构:

整合城镇居民基本医疗保险(以下简称城镇居民医保)和新型农村合作医疗(以下简称新农合)两项制度,建立统一的城乡居民基本医疗保险(以下简称城乡居民医保)制度,是推进医药卫生体制改革、实现城乡居民公平享有基本医疗保险权益、促进社会公平正义、增进人民福祉的重大举措,对促进城乡经济社会协调发展、全面建成小康社会具有重要意义。在总结城镇居民医保和新农合运行情况以及地方探索实践经验的基础上,现就整合建立城乡居民医保制度提出如下意见。

一、总体要求与基本原则

(一)总体要求

以邓小平理论、"三个代表"重要思想、科学发展观为指导,认真贯彻党的十八大,十八届二中、三中、四中、五中全会和习近平总书记系列重要讲话精神,落实党中央、国务院关于深化医药卫生体制改革的要求,按照全覆盖、保基本、多层次、可持续的方针,加强统筹协调与顶层设计,遵循先易后难、循序渐进的原则,从完善政策入手,推进城镇居民医保和新农合制度整合,逐步在全国范围内建立起统一的城乡居民医保制度,推动保障更加公平、管理服务更加规范、医疗资源利用更加有效,促进全民医保体系持续健康发展。

(二)基本原则

1. 统筹规划、协调发展。要把城乡居民医保制度整合纳入全民医保体系发

展和深化医改全局，统筹安排，合理规划，突出医保、医疗、医药三医联动，加强基本医保、大病保险、医疗救助、疾病应急救助、商业健康保险等的衔接，强化制度的系统性、整体性、协同性。

2. 立足基本、保障公平。要准确定位，科学设计，立足经济社会发展水平、城乡居民负担和基金承受能力，充分考虑并逐步缩小城乡差距、地区差异，保障城乡居民公平享有基本医保待遇，实现城乡居民医保制度的可持续发展。

3. 因地制宜、有序推进。要结合实际，全面分析研判，周密制订实施方案，加强整合前后的衔接，确保工作顺畅接续、有序过渡，确保群众基本医保待遇不受影响，确保医保基金安全和制度运行平稳。

4. 创新机制、提升效能。要坚持管办分开，落实政府责任，完善管理运行机制，深入推进支付方式改革，提升医保资金使用效率和经办管理服务效能。充分发挥市场机制作用，调动社会力量参与基本医保经办服务。

二、整合基本制度政策

（一）统一覆盖范围

城乡居民医保制度覆盖范围包括现有城镇居民医保和新农合所有应参保（合）人员，即覆盖除职工基本医疗保险应参保人员以外的其他所有城乡居民。农民工和灵活就业人员依法参加职工基本医疗保险，有困难的可按照当地规定参加城乡居民医保。各地要完善参保方式，促进应保尽保，避免重复参保。

（二）统一筹资政策

坚持多渠道筹资，继续实行以个人缴费与政府补助相结合为主的筹资方式，鼓励集体、单位或其他社会经济组织给予扶持或资助。各地要统筹考虑城乡居民医保与大病保险保障需求，按照基金收支平衡的原则，合理确定城乡统一的筹资标准。现有城镇居民医保和新农合个人缴费标准差距较大的地区，可采取差别缴费的办法，利用2~3年时间逐步过渡。整合后的实际人均筹资和个人缴费不得低于现有水平。

完善筹资动态调整机制。在精算平衡的基础上，逐步建立与经济社会发展水平、各方承受能力相适应的稳定筹资机制。逐步建立个人缴费标准与城乡居民人均可支配收入相衔接的机制。合理划分政府与个人的筹资责任，在提高政府补助标准的同时，适当提高个人缴费比重。

（三）统一保障待遇

遵循保障适度、收支平衡的原则，均衡城乡保障待遇，逐步统一保障范围和支付标准，为参保人员提供公平的基本医疗保障。妥善处理整合前的特殊保障政策，做好过渡与衔接。

城乡居民医保基金主要用于支付参保人员发生的住院和门诊医药费用。稳定住院保障水平，政策范围内住院费用支付比例保持在75%左右。进一步完善门诊统筹，逐步提高门诊保障水平。逐步缩小政策范围内支付比例与实际支付比例间的差距。

（四）统一医保目录

统一城乡居民医保药品目录和医疗服务项目目录，明确药品和医疗服务支付范围。各省（区、市）要按照国家基本医保用药管理和基本药物制度有关规定，遵循临床必需、安全有效、价格合理、技术适宜、基金可承受的原则，在现有城镇居民医保和新农合目录的基础上，适当考虑参保人员需求变化进行调整，有增有减、有控有扩，做到种类基本齐全、结构总体合理。完善医保目录管理办法，实行分级管理、动态调整。

（五）统一定点管理

统一城乡居民医保定点机构管理办法，强化定点服务协议管理，建立健全考核评价机制和动态的准入退出机制。对非公立医疗机构与公立医疗机构实行同等的定点管理政策。原则上由统筹地区管理机构负责定点机构的准入、退出和监管，省级管理机构负责制订定点机构的准入原则和管理办法，并重点加强对统筹区域外的省、市级定点医疗机构的指导与监督。

（六）统一基金管理

城乡居民医保执行国家统一的基金财务制度、会计制度和基金预决算管理制度。城乡居民医保基金纳入财政专户，实行"收支两条线"管理。基金独立核算、专户管理，任何单位和个人不得挤占挪用。

结合基金预算管理全面推进付费总额控制。基金使用遵循以收定支、收支平衡、略有结余的原则，确保应支付费用及时足额拨付，合理控制基金当年结余率和累计结余率。建立健全基金运行风险预警机制，防范基金风险，提高使用效率。

强化基金内部审计和外部监督，坚持基金收支运行情况信息公开和参保人员就医结算信息公示制度，加强社会监督、民主监督和舆论监督。

三、理顺管理体制

（一）整合经办机构

鼓励有条件的地区理顺医保管理体制，统一基本医保行政管理职能。充分利用现有城镇居民医保、新农合经办资源，整合城乡居民医保经办机构、人员和信息系统，规范经办流程，提供一体化的经办服务。完善经办机构内外部监督制约机制，加强培训和绩效考核。

（二）创新经办管理

完善管理运行机制，改进服务手段和管理办法，优化经办流程，提高管理效率和服务水平。鼓励有条件的地区创新经办服务模式，推进管办分开，引入竞争机制，在确保基金安全和有效监管的前提下，以政府购买服务的方式委托具有资质的商业保险机构等社会力量参与基本医保的经办服务，激发经办活力。

四、提升服务效能

（一）提高统筹层次

城乡居民医保制度原则上实行市（地）级统筹，各地要围绕统一待遇政策、基金管理、信息系统和就医结算等重点，稳步推进市（地）级统筹。做好医保关系转移接续和异地就医结算服务。根据统筹地区内各县（市、区）的经济发展和医疗服务水平，加强基金的分级管理，充分调动县级政府、经办管理机构基金管理的积极性和主动性。鼓励有条件的地区实行省级统筹。

（二）完善信息系统

整合现有信息系统，支撑城乡居民医保制度运行和功能拓展。推动城乡居民医保信息系统与定点机构信息系统、医疗救助信息系统的业务协同和信息共享，做好城乡居民医保信息系统与参与经办服务的商业保险机构信息系统必要的信息交换和数据共享。强化信息安全和患者信息隐私保护。

（三）完善支付方式

系统推进按人头付费、按病种付费、按床日付费、总额预付等多种付费方式相结合的复合支付方式改革，建立健全医保经办机构与医疗机构及药品供应商的谈判协商机制和风险分担机制，推动形成合理的医保支付标准，引导定点医疗机构规范服务行为，控制医疗费用不合理增长。

通过支持参保居民与基层医疗机构及全科医师开展签约服务、制定差别化的支付政策等措施，推进分级诊疗制度建设，逐步形成基层首诊、双向转诊、急慢分治、上下联动的就医新秩序。

（四）加强医疗服务监管

完善城乡居民医保服务监管办法，充分运用协议管理，强化对医疗服务的监控作用。各级医保经办机构要利用信息化手段，推进医保智能审核和实时监控，促进合理诊疗、合理用药。卫生计生行政部门要加强医疗服务监管，规范医疗服务行为。

五、精心组织实施，确保整合工作平稳推进

（一）加强组织领导

整合城乡居民医保制度是深化医改的一项重点任务，关系城乡居民切身利

益,涉及面广、政策性强。各地各有关部门要按照全面深化改革的战略布局要求,充分认识这项工作的重要意义,加强领导,精心组织,确保整合工作平稳有序推进。各省级医改领导小组要加强统筹协调,及时研究解决整合过程中的问题。

(二) 明确工作进度和责任分工

各省(区、市)要于2016年6月底前对整合城乡居民医保工作作出规划和部署,明确时间表、路线图,健全工作推进和考核评价机制,严格落实责任制,确保各项政策措施落实到位。各统筹地区要于2016年12月底前出台具体实施方案。综合医改试点省要将整合城乡居民医保作为重点改革内容,加强与医改其他工作的统筹协调,加快推进。

各地人力资源社会保障、卫生计生部门要完善相关政策措施,加强城乡居民医保制度整合前后的衔接;财政部门要完善基金财务会计制度,会同相关部门做好基金监管工作;保险监管部门要加强对参与经办服务的商业保险机构的从业资格审查、服务质量和市场行为监管;发展改革部门要将城乡居民医保制度整合纳入国民经济和社会发展规划;编制管理部门要在经办资源和管理体制整合工作中发挥职能作用;医改办要协调相关部门做好跟踪评价、经验总结和推广工作。

(三) 做好宣传工作

要加强正面宣传和舆论引导,及时准确解读政策,宣传各地经验亮点,妥善回应公众关切,合理引导社会预期,努力营造城乡居民医保制度整合的良好氛围。

国务院

2016年1月3日

二、人力资源社会保障部关于积极推动医疗、医保、医药联动改革的指导意见

关于积极推动医疗、医保、医药联动改革的指导意见

各省、自治区、直辖市及新疆生产建设兵团人力资源社会保障厅(局):

党中央、国务院高度重视深化医药卫生体制改革,党的十八大以来,将深化医改放在党和国家事业全局更加重要的位置,作出了一系列决策部署。十八届五中全会明确提出,深化医药卫生体制改革,实行医疗、医保、医药联动(以下简称"三医联动"),充分发挥医保在医改中的基础性作用,建立符合医疗

行业特点的人事薪酬制度，是人力资源社会保障部门的重要职责，是深化医改攻坚阶段的重要配套措施。人力资源社会保障部门要坚决贯彻中央决策部署，按照四个全面战略布局，牢固树立五大发展理念，围绕大局，解放思想，主动作为。现就人力资源社会保障部门进一步推动三医联动改革，做好医改有关工作提出以下意见：

一、充分认识三医联动的重要意义

（一）高度重视三医联动改革。实行三医联动是深化医改的基本路径，是党中央、国务院对医改进入攻坚阶段提出的新要求，体现了中央对医改发展规律的整体把握，对于破解医改难题，推动医改向纵深发展具有重要意义。各地要把思想统一到中央决策部署上来，充分认识三医联动的重要意义，积极推动三医联动改革，着眼于全面深化医药卫生体制改革全局、健全全民医保体系和建立更加公平、更可持续的社会保障制度，整体设计，同步实施，协同推进，实现维护人民健康，推动医疗卫生事业进步，促进医药产业发展的共同目标。

（二）准确把握实行三医联动的指导思想。要深入贯彻党的十八大和十八届三中、四中、五中全会精神，贯彻落实习近平总书记系列重要讲话精神，认真落实党中央、国务院决策部署，立足解决群众看病就医问题，以医疗服务体系改革为重点，充分发挥医疗、医保、医药职能部门作用，加强协同合作，增强改革的整体性、系统性和协同性。实行三医联动，要坚持保基本、强基层、建机制，突出体制机制创新和管理创新；坚持处理好政府与市场的关系，使市场在资源配置中起决定性作用和更好地发挥政府作用；坚持问题和目标双导向，聚焦改革重点，持续推进改革；坚持以人为本，维护人民健康，增强群众获得感和幸福感。

二、持续推进医药卫生体制重点改革

（三）以医疗服务体系改革为重点，全面深化医药卫生体制改革。要立足解决群众看病就医问题，着力解决医疗资源配置不合理、医疗服务总量不足和结构性失衡并存的矛盾。要以分级诊疗制度建设为突破口，配合有关部门加快医疗服务体系改革，推行家庭医生签约服务，提升基层医疗机构服务能力，稳步推进医疗卫生资源优化配置。要以建立现代医院管理制度为重点，配合有关部门加快推进公立医院综合改革，推进政事分开，管办分开，切实转变政府职能，加强医疗全行业管理和医疗质量监管，落实公立医院自主权。要把控制医疗费用不合理增长作为公立医院综合改革的重要内容，推动建立控制医疗费用过快增长的机制，切实提高群众的获得感。要加强联动协同，配合有关部门加快推

顺药品和医疗服务价格，同步推进医保改革。

（四）支持地方结合实际改革创新。要在顶层设计和总体规划的前提下，尊重地方主体地位，尊重基层首创精神，允许地方先行先试，鼓励地方创新；同时加强分类指导，全面、客观、准确评估不同地方改革实践，总结积累经验，完善后逐步推开。要采取多种形式，鼓励社会公众、人大代表、政协委员以及利益相关方参与医改重大政策制定过程，提高决策的科学化、民主化水平。

三、积极探索发挥医保在医改中的基础性作用

（五）加快推进医保统筹，发挥医保的基础性作用。要按照建立更加公平、更可持续的社会保障制度的要求，加快推进医保城乡统筹、区域统筹、体系统筹、管理服务统筹。当前要按照国发〔2016〕3号文件要求，重点推进城乡医保统筹。要按照社会保险法的要求，坚持依法行政，发挥部门法定职能；要坚持社会保险统一管理，实现社会保险一体化运行，发挥社会保险的整体功能，促进各项社保制度之间的有效衔接；要尊重地方实践和客观规律，坚持发挥医保对医疗服务的外部制约作用，促进医疗、医药体制机制改革，增强医保对医疗服务行为的激励约束；要坚持医保一体化管理，依托现有资源，减少重复建设，降低公共管理成本，提高运行效率；要坚持维护社会公平公正，促进城乡经济社会协调发展，增强群众的获得感。

（六）继续深化医保支付方式改革。要把支付方式改革放在医改的突出位置，发挥支付方式在规范医疗服务行为、控制医疗费用不合理增长方面的积极作用，加强与公立医院改革、价格改革等各方的联动，同步推进医疗、医药领域的供给侧改革，为深化支付方式改革提供必要的条件。结合医保基金预算管理，全面推进付费总额控制，加快推进按病种、按人头等付费方式，积极推动按病种分组付费（DRGs）的应用，探索总额控制与点数法的结合应用，建立复合式付费方式，促进医疗机构之间良性竞争，激励医疗机构加强自我管理，发挥医保支付对医疗机构和医务人员的激励约束作用。

（七）加大医保管理机制创新。要适应市场经济需要，建立健全市场化的医疗服务购买机制，明确医保代表参保人利益和医疗服务购买者的角色定位，提高基金使用效率，切实维护参保人权益。要适应社会治理方式改革，转变理念，创新管理方式，建立健全医保与医疗机构、医药机构的谈判协商和风险共担机制，完善协议管理，加强双方平等协商；要积极参与医药和医疗服务价格改革，制定与价格改革相适应的药品和医疗服务医保支付标准，探索建立引导药品价格合理形成的机制，促进医疗机构主动降低采购价格，推动医药产业发展和技

术创新；要探索建立医保用药准入和询价新机制，发挥医保对医疗资源配置的引导和调节作用，发挥医保对相关利益的调控和引导作用；要推动药品流通体制改革，促进医药分开，探索医疗服务和药品分别支付，从体制机制上消除公立医院以药养医的痼疾。要完善医保医师制度，建立医保医师库，推行医保医师约谈工作机制，加强医保对医疗服务行为事前、事中监管，逐步将医保对医疗机构服务的监管延伸到对医务人员医疗服务行为的监管。要适应信息化发展，大力挖掘和利用医保大数据，全面推广医保智能监控，强化医保经办机构能力建设，提升医保管理服务水平。

四、统筹推进医疗行业人事薪酬制度改革

（八）要建立符合医疗行业特点的人事薪酬制度。医务人员是医疗行业的核心资源。要尊重医务人员主体地位，促进医疗资源合理流动，增强人才活力，稳步推进和规范医师多点执业，推动公立医院实现公益性，按照国家统一部署，建立激励相容、灵活高效、符合医疗行业特点的人事薪酬制度。要配合有关部门建立健全公立医院改革绩效考核机制，把医保支付、医保医师管理、协议执行、人事管理、绩效工资等纳入考核范围，完善考核指标体系，强化考核的激励约束作用，考核结果与医保结算、绩效工资总量、医疗机构医保评级管理等直接挂钩，促进公立医院主动加强内部管理，控制医疗费用不合理增长，为参保人提供优质的医疗服务。要统筹优化人事、收入分配、专业技术人才评价、医保管理等各项职能，解放思想，主动作为，形成合力，发挥人力资源社会保障部门整体效应，形成推进医改的良好格局。

五、抓好综合医改试点工作

（九）高度重视综合医改试点。综合医改试点是国务院作出的重大改革部署，对于解决医改深层次矛盾和体制机制问题，推动医改向纵深发展具有重要意义。各地人力资源社会保障部门要高度重视综合医改试点工作，将综合医改试点作为一项重要改革内容，加强统筹，突出重点，知责明责，守责尽责，整体研究，深度参与，勇于担当，确保综合医改试点有序推进。没有列入综合医改试点的地区要因地制宜，积极探索，统筹推进各项改革。

（十）健全工作机制，加强组织领导。各地人力资源社会保障部门要在当地党委政府的领导下，在发挥医改领导小组和医改办统筹协调作用的同时，充分发挥部门职能作用，形成工作合力。要主动推动健全试点工作机制，完善议事规则，确保重大问题、重要事项和重大政策提交医改领导小组审议前充分协商，达成一致。建立部省试点沟通协调机制，各省在综合医改试点过程中遇到的重要情况、重大问题和重大事项要及时报告人力资源社会保障部。要加强指导评

估，强化督促检查，建立试点工作调度和情况通报制度，总结交流各地经验做法。各地要健全省内试点工作机制，加强对省内试点工作的指导，加强与相关部门的沟通协调。

人力资源社会保障部

三、常德市城乡居民基本医疗保险实施办法

常德市城乡居民基本医疗保险实施办法

第一章 总 则

第一条 根据《国务院关于整合城乡居民基本医疗保险制度的意见》（国发〔2016〕3号）、《湖南省人民政府关于整合城乡居民基本医疗保险制度的实施意见》（湘政发〔2016〕14号）和《湖南省人民政府关于印发〈湖南省城乡居民基本医疗保险实施办法〉的通知》（湘政发〔2016〕29号）等文件精神，为建立全市统一的城乡居民基本医疗保险（以下简称城乡居民医保）制度，结合我市实际，制定本办法。

第二条 建立城乡居民医保制度遵循以下基本原则：
（一）坚持全覆盖、保基本、多层次、可持续。
（二）坚持筹资水平、保障标准与经济社会发展水平相适应。
（三）坚持互助共济，城乡居民个人缴费和政府补助相结合。
（四）坚持权利和义务相统一，城乡居民公平享有基本医疗保险待遇。
（五）坚持以收定支、收支平衡、略有结余。

第三条 本市行政区域内的城乡居民参加城乡居民医保适用本办法。

第四条 城乡居民医保制度覆盖除职工基本医疗保险应参保人员以外的其他所有城乡居民，具体包括农村居民、城镇非从业居民、在校大中专学生，以及国家、省、市规定的其他人员。

第五条 城乡居民医保制度实行"七统一分"，即统一覆盖范围、统一筹资政策、统一保障待遇、统一医保目录、统一协议管理、统一基金管理、统一信息系统和业务分级经办。

第二章 组织机构与职责

第六条 各区县市人民政府（管委会）是城乡居民医保工作的责任主体，负责辖区内城乡居民医保组织参保和基金筹集工作。乡镇人民政府、街道办事

处具体负责组织辖区内城乡居民医保的参保登记、缴费续保、政策宣传等工作。有条件的区县市可以采取政府购买服务的方式，建立城乡居民医保村级（社区）协管员制度。

第七条 市人力资源社会保障部门是全市城乡居民医保工作的主管部门，负责城乡居民医保的发展规划、实施办法和相关政策的制定，负责对全市城乡居民医保经办机构、协议医疗机构进行监督管理。

各区县市人力资源社会保障部门负责本行政区域内城乡居民医保的行政管理工作，指导经办机构做好业务经办工作。

第八条 市城乡居民医保经办机构负责对全市城乡居民医保经办工作进行管理和指导；负责全市城乡居民医保政策的落实；负责规范城乡居民医保经办程序；负责中央、省、市补助资金分配数据的核实；负责城乡居民医保工作的业务培训。

各区县市城乡居民医保经办机构负责辖区内城乡居民医保的业务管理和经办服务，执行城乡居民医保相关政策；负责确认辖区内协议医药机构，并按协议实施管理；负责城乡居民参保信息管理、医疗证（卡）发放和相关信息统计上报；参与城乡居民医保网络系统管理。

第九条 财政部门负责补助资金的筹集，对城乡居民医保基金进行监督管理，参与城乡居民医保政策的制定、调整；配合人力资源社会保障部门建立全市城乡居民医保风险调剂机制；负责将城乡居民医保经办机构的人员经费、工作经费和网络信息系统建设费用、运行资金等列入同级政府财政预算。

第十条 编制管理、发展改革、教育、公安、民政、卫生计生、审计等相关部门按照各自职能，协助做好城乡居民医保相关工作。

第三章 参保与筹资

第十一条 城乡居民医保坚持多渠道筹资，实行以个人缴费和政府补助相结合为主的筹资方式，鼓励有条件的乡镇、街道、集体、单位或其他社会经济组织给予扶持和资助。

第十二条 城乡居民医保实行年度缴费制，城乡居民每年按国家规定标准缴纳个人缴费部分。每年的8月1日至12月31日为下一年度参保缴费期，除本办法第十三条第（三）、（四）、（五）项规定人员外，未在规定时间内办理参保或续保手续的，不予补办。

第十三条 城乡居民医保个人参保缴费方式如下：

（一）本市户籍城乡居民以家庭为单位，凭《居民身份证》《户口簿》到户籍所在地居（村）委会办理缴费手续；非本市户籍常住人口（在校大中专学生除外）另须提供《居住证》和原户籍所在地城乡居民医保经办机构出具的未参保证明，到常居地的居（村）委会办理缴费手续；在校大中专学生以学校为单位，到所在地医保经办机构办理参保缴费手续。

（二）特困供养人员（农村"五保户"、城市"三无"人员）、城乡低保户中丧失劳动能力的重残人员、需长期维持院外治疗的重病人员、百岁老人和计划生育特殊家庭扶助对象的个人缴费部分由区县市城乡医疗救助资金和计划生育特殊家庭扶助专项资金全额资助。其他城乡最低生活保障对象、残疾人员和已建档立卡未脱贫的贫困人口个人缴费部分的补贴标准，由区县市人民政府（管委会）根据实际情况确定。

（三）新生儿在取得本市户籍后，到户籍所在地医保经办机构办理参保手续，按当年度城乡居民医保个人缴费标准一次性缴纳参保费用。鼓励城乡居民家庭为即将出生的婴儿提前参保缴费。

（四）因户籍变动等客观因素未能在规定时间内办理参保缴费手续的，可在办理户籍变更手续后60天内到户籍所在地城乡居民医保经办机构参保，按当年度筹资标准一次性足额缴纳参保费用。60天内未办理的不再办理参保缴费手续。

（五）当年退役军人应及时到户籍所在地的医保经办机构办理缴费手续。

第十四条 城乡居民医保政府补助资金纳入同级财政年度预算安排，应按规定及时、足额拨付到位。

第十五条 参保与筹资所需工作经费由同级人民政府（管委会）给予保障。

第四章 基金管理

第十六条 城乡居民医保基金由以下四部分组成：

（一）城乡居民个人缴纳的基本医疗保险费。

（二）政府补助资金。

（三）基金利息收入。

（四）其他渠道筹集资金。

第十七条 城乡居民医保执行国家统一的基金财务制度、会计制度和基金预决算管理制度。城乡居民医保基金纳入财政专户，实行"收支两条线"管理，独立核算、专款专用，任何单位和个人不得挤占挪用。城乡居民医保基金及其利息依法免征税、费。基金存储依法享受优惠利率。

第十八条 城乡居民医保基金财政专户、收入户和支出户只能在各区县市财政和人力资源社会保障部门共同认定的商业银行各开设一个账户。财政专户由财政部门管理，收入户和支出户由经办机构管理。

第十九条 城乡居民医保基金用于支付医保待遇、提取风险调剂金、筹集大病保险基金。各县级统筹区按当年筹资总额的5%的比例上缴市级风险调剂金，风险调剂金管理办法另行确定。大病保险基金按当年筹资总额的5%左右的比例提取。

第二十条 城乡居民医保基金出现收不抵支时，区县市人民政府（管委会）应当进行兜底。符合申请风险调剂金条件的，可按照风险调剂金管理办法有关规定申请调剂金。

第五章　基本医疗保险待遇

第二十一条 城乡居民参保缴费后，从次年1月1日起享受医保待遇。提前参保和出生28天以内参保的新生儿，自出生之日起享受医保待遇；出生28天以后参保的新生儿，从缴费的下月起享受医保待遇。因户籍变动等客观因素导致未能及时参保的，从缴费的下月起享受医保待遇。当年退役军人从参保之日起享受医保待遇。

第二十二条 城乡居民医保基金为参保人员支付下列费用：

（一）政策范围内的住院医疗费用。

（二）政策范围内的门诊医疗费用。

（三）购买城乡居民大病保险、意外伤害等商业保险的费用。

（四）生育医疗费用补助。

（五）符合国家政策和省、市人民政府规定的其他情形。

第二十三条 参保人员在本市基本医疗保险协议医疗机构发生的政策范围内的住院医疗费用，按以下规定支付：

（一）住院起付线标准：乡镇卫生院、街道卫生服务中心为200元；二级医院为500元；三级医院为1 000元。参保人员在一个结算年度内每次住院均需支付起付标准。

建立住院起付线标准动态调整机制，由市人力资源社会保障部门根据社会经济发展水平、医保基金运行状况确定。

（二）住院医疗费用报销比例和最高支付限额标准：乡镇卫生院、街道卫生服务中心报销90%；二级医院报销70%；三级医院报销60%。一个结算年度内，城乡居民基本医疗保险（不含城乡居民大病保险）累计最高可将20万元医疗费用纳入报销范围。

区县市三级医院按二、三类标准收费的，起付线和报销比例参照二级医院标准执行。

（三）因突发疾病急诊抢救转为住院治疗的，急诊抢救医疗费与住院医疗费用合并计算；急诊抢救死亡的，对政策范围内的医疗费用，视同住院医疗费用按规定报销。

（四）参保居民跨年度住院的，以入院时间为准，享受当年医疗保险待遇。

第二十四条 住院医疗费用支付的其他情形：

（一）参保人员在本省省级协议医疗机构发生的符合规定的住院医疗费用，按上级相关规定报销。

（二）因外出务工、长期在外地居住、转省外医疗机构治疗等特殊情形在异地就医时发生的政策范围内住院医疗费用，报参保地城乡居民医保经办机构同意备案后，比照本市同级别协议医疗机构相关标准予以报销。

（三）未按照分级诊疗制度有关规定办理转诊手续的（危急重症患者除外），住院医疗费用报销比例相应降低15个百分点。

（四）除急诊抢救情形外，在非协议医疗机构发生的医疗费用不予支付。因危急重症抢救未及时办理转诊手续或在非协议医疗机构入院治疗的，应当在入院治疗3个工作日内报城乡居民医保经办机构同意备案，其发生的政策范围内住院医疗费用，比照本市同级别协议医疗机构的相关标准予以报销。

第二十五条 完善城乡居民医保门诊医疗保障政策，兼顾普通门诊和特殊门诊医疗需求，按照城乡居民医保基金总额的15%左右的比例，建立门诊医疗统筹基金。具体实施办法由市人力资源社会保障部门会同有关部门另行制定。

第二十六条 完善城乡居民大病保险制度，提高参保患者重大疾病保障水平，具体按照《常德市城乡居民大病保险实施方案》（常政办发〔2016〕8号）执行，市人力资源社会保障部门可根据社会经济发展状况适时调整。

第二十七条 将无责任方的意外伤害纳入基本医疗和大病保险保障范围，具体办法另行确定。

第二十八条 城乡居民医保基金对参保人员符合计划生育政策规定的生育医疗费用给予补助，平产最高补助标准为1 300元，剖宫产最高补助标准为1 600元，按单病种包干管理，与协议医疗机构即时结算。孕产妇因高危重症救治发生的政策范围内住院医疗费用参照疾病住院相关标准支付。

第二十九条 城乡居民医保执行全省统一的基本医疗保险药品目录、诊疗项目、医疗服务设施范围及支付标准。

第三十条 参保人员发生的下列医疗费不属于城乡居民医保基金支付范围：

（一）应当从工伤保险基金中支付的。

（二）依照有关法律规定应当由第三人负担的。

（三）应当由公共卫生负担的。

（四）在境外（含港、澳、台地区）就医的。

（五）国家和省规定不予支付的其他情形。

第三十一条 强化城乡居民医保与城乡医疗救助政策联动。对于经城乡居民基本医疗保险、大病保险和其他补充医疗保险补偿后自负费用仍有困难且符合医疗救助条件的患者，由相关部门及时落实救助政策。

第六章 医疗服务管理

第三十二条 制定城乡居民医保协议医药机构管理办法，强化服务协议管理，建立健全考核评价机制和动态的准入退出机制。

第三十三条 执行分级诊疗制度，形成基层首诊、双向转诊、急慢分治、上下联动的分级诊疗模式。引导参保居民养成"小病不出乡（社区）、大病不出县（二级）、疑难杂症在三级医院"的就医习惯。

第三十四条 全面推行以总额控制为基础的医保付费方式改革，积极推进按病种付费为主，按疾病诊断相关分组（DRGs）付费、按人头付费、按床日付费、总额预付为补充的复合式支付方式。建立健全医保经办机构与医疗机构及药品供应商的谈判协商机制和风险分担机制，推动形成合理的医保支付标准，引导协议医疗机构规范服务行为，控制医疗费用不合理增长。

第七章 经办能力建设

第三十五条 各区县市人民政府（管委会）要加强城乡居民医保经办能力建设，加强乡镇、街道社会保障服务平台建设，落实办公场所，保障医疗服务监管用车，合理配备与城乡居民医保管理服务相适应的人员编制，足额安排工作经费，确保城乡居民医保经办服务工作的顺利开展。加大政府购买服务的力度，探索委托具有资质的商业保险机构参与城乡居民医保经办服务。

第三十六条 市、县两级城乡居民医保经办机构要完善管理运行机制，逐步实现精细化管理，规范优化经办服务流程，不断提高管理效率和服务水平。

第三十七条 按照标准统一、资源共享、数据集中、服务延伸的原则，建立健全覆盖全市城乡的医疗保险信息网络。建立统一的参保人员、医疗信息、医药机构数据库，并健全运行规范。

通过业务专网实现信息系统与所有经办机构、协议医药机构对接，统筹推进各级社会保障平台信息网络建设。推广"互联网＋医保"的益民服务。推动社会保障卡在城乡居民参保缴费、即时结算等工作中的广泛应用，做好与城乡居民健康卡之间数据和功能的互补共享。

第八章 监督管理

第三十八条 人力资源社会保障部门应当加强对城乡居民医保制度实施、经办机构职责履行情况的监督管理，加强对基金收支、管理工作的监督检查。建立城乡居民医保定期公示制度，督促城乡居民医保经办机构定期向社会公布基金筹集、使用和结余情况，保证参保人员的参与权、知情权和监督权。

第三十九条 市人民政府和各区县市人民政府（管委会）成立由相关部门、人大代表、政协委员、医疗机构、参保人员、专家学者等参加的城乡居民医保监督委员会，对基金的筹集、运行、使用和管理实施社会监督。设立城乡居民医保咨询专家委员会，实行医疗保险重大问题专家咨询、评估制度。

第四十条 切实加强城乡居民医保基金监督管理，对违反《中华人民共和国社会保险法》和基本医疗保险制度政策有关规定的行为，依法依规严厉查处。

第九章 附 则

第四十一条 因重大疫情、灾情及重大事故所发生的城乡居民医疗费用，由区县市人民政府（管委会）综合协调解决。

第四十二条 城乡居民医保筹资标准和待遇标准随着社会经济发展和城乡居民医保基金运行状况适时调整。调整方案由市人力资源社会保障部门会同有关部门根据上级政策规定研究制定。

第四十三条 本办法由市人力资源和社会保障局负责解释。

第四十四条 本办法自2017年1月1日起施行，《常德市人民政府关于印发〈常德市城镇居民基本医疗保险暂行办法〉的通知》（常政发〔2007〕18号）、《常德市人民政府关于加强新型农村合作医疗管理工作的意见》（常政发〔2007〕20号）同时废止。原城镇居民基本医疗保险制度和新型农村合作医疗制度执行至2016年12月31日止。

四、湖南省医疗保障局 湖南省财政厅 国家税务总局湖南省税务局关于转发《国家医保局财政部 国家税务总局关于做好 2020 年城乡居民基本医疗保障工作的通知》的通知

湖南省医疗保障局
湖南省财政厅文件
国家税务总局湖南省税务局

湘医保发〔2020〕36 号

湖南省医疗保障局　湖南省财政厅 国家税务总局湖南省税务局关于转发《国家医保局 财政部 国家税务总局关于做好 2020 年城乡居民基本医疗保障工作的通知》的通知

各市州、县市区医疗保障局、财政局，国家税务总局各市州、县市区税务局：

现将《国家医保局 财政部 国家税务总局关于做好 2020 年城乡居民基本医疗保障工作的通知》（医保发〔2020〕24 号）转发给你们，并结合我省实际，提出工作要求如下，请一并贯彻落实。

一、统一明确城乡居民基本医疗保险筹资标准

2020 年度全省城乡居民医保个人缴费标准统一为 250 元/人，

城乡居民医保财政补助标准为550元/人。其中省、市(州)、县(市区)三级财政对城乡居民医保参保补助分担方式按照《湖南省人民政府办公厅关于印发〈医疗卫生领域省与市县财政事权和支出责任划分改革实施方案〉的通知》(湘政办发〔2019〕40号)的规定执行。各市(州)、县(市区)财政部门要按照规定标准足额安排预算,并及时拨付补助资金。市(州)、县(市区)两级财政补助资金必须于2020年7月底前100%到位。

2021年度全省城乡居民医保个人缴费标准统一为280元/人,城乡居民医保财政补助标准按照国家规定执行。

二、巩固提升城乡居民医保待遇保障水平

各市州要结合推进市级统筹工作,对城乡居民医保政策和基金运行情况进行全面梳理和评估。要巩固住院待遇水平,政策范围内住院费用支付比例达到70%左右。要全面落实城乡居民医保普通门诊统筹政策、特殊门诊政策和高血压、糖尿病门诊用药保障机制。

要巩固大病保险保障水平。大病保险起付线原则上按各市州上一年度全体城乡居民人均可支配收入的50%左右确定。各市州要结合2020年城乡居民医保筹资标准和大病保险运行情况,适当提高城乡居民大病保险筹资标准,确保大病保险待遇政策落实到位,确保大病保险制度稳健运行。

三、认真做好政策宣传和组织实施

2021年度城乡居民医保集中参保缴费期原则上为2020年9月1日至12月31日。未如期达到规定参保率的统筹地区,可适

当延长至 2021 年 2 月 28 日。各地要按照国家和省政策要求，全面落实困难群众分类资助参保政策，并建立参保资助工作台账。税务、医保部门要密切配合，加强城乡居民医保惠民政策宣传，做好 2021 年度参保缴费动员工作，确保常住人口基本医疗保险（含城乡居民医保、城镇职工医保）参保率稳定在 95% 以上。要全力推动基本医疗保险全覆盖，实现应保尽保、应缴尽缴。

城乡居民医疗保障工作关系到广大参保群众切身利益，各市州、县市区要高度重视，加强组织领导，明确工作职责，确保各项任务措施落地见效。各级医疗保障部门要重点抓好城乡居民医保待遇落实和管理服务，财政部门要确保财政补助资金及时拨付到位，税务部门要做好城乡居民个人缴费征收工作。各部门之间要加强业务协同和信息沟通，做好政策解读和舆情监测，合理引导预期，共同推动城乡居民医保制度持续健康发展。工作中遇到的新情况，要及时向上级相关部门报告。

湖南省医疗保障局　　　　湖南省财政厅

国家税务总局湖南省税务局
2020 年 7 月 17 日

信息公开选项：主动公开

湖南省医疗保障局办公室　　　　2020 年 7 月 23 日印发

国家医保局
财政部文件
国家税务总局

医保发〔2020〕24 号

国家医保局 财政部 国家税务总局关于做好 2020 年城乡居民基本医疗保障工作的通知

各省、自治区、直辖市及新疆生产建设兵团医保局、财政厅（局），国家税务总局各省、自治区、直辖市和计划单列市税务局：

为进一步贯彻落实党的十九大关于"完善统一的城乡居民基本医疗保险制度和大病保险制度"的决策部署，落实 2020 年《政府工作报告》任务要求，做好城乡居民基本医疗保障工作，现就有关工作通知如下：

一、提高城乡居民基本医疗保险筹资标准

（一）继续提高财政补助标准。2020年城乡居民基本医疗保险（以下简称居民医保）人均财政补助标准新增30元，达到每人每年不低于550元。中央财政按规定对地方实行分档补助，地方各级财政要按规定足额安排财政补助资金并及时拨付到位。落实《国务院关于实施支持农业转移人口市民化若干财政政策的通知》（国发〔2016〕44号）、《香港澳门台湾居民在内地（大陆）参加社会保险暂行办法》（人力资源社会保障部 国家医疗保障局令第41号）有关规定，对持居住证参保的参保人，各级财政按当地居民相同标准给予补助。

（二）稳步提高个人缴费标准。原则上个人缴费标准同步提高30元，达到每人每年280元。各统筹地区要统筹考虑基金收支平衡、待遇保障需要和各方承受能力等因素，合理确定具体筹资标准，适当提高个人缴费比重。财政补助和个人缴费水平已达到国家规定标准的统筹地区，可根据实际合理确定筹资水平。立足基本医保筹资、大病保险运行情况，统筹提高大病保险筹资标准。

（三）完善居民医保个人缴费与政府补助相结合的筹资机制。各统筹地区要适应经济社会发展，合理提高居民医保财政补助和个人缴费标准，稳步提升筹资水平，逐步优化筹资结构，推动实现稳定可持续筹资。根据2020年财政补助标准和跨年征缴的个人缴费，科学评估2020年筹资结构，着眼于责任均衡、结构优化和制度可持续，研究未来2至3年个人缴费增长规划。

二、健全待遇保障机制

（四）落实居民医保待遇保障政策。发挥居民医保全面实现城乡统筹的制度红利，坚持公平普惠，加强基本医保主体保障功能。巩固住院待遇水平，政策范围内住院费用支付比例达到70%。强化门诊共济保障，全面落实高血压、糖尿病门诊用药保障机制，规范简化门诊慢特病保障认定流程。落实新版国家医保药品目录，推进谈判药品落地。

（五）巩固大病保险保障水平。全面落实起付线降低并统一至居民人均可支配收入的一半，政策范围内支付比例提高到60%，鼓励有条件的地区探索取消封顶线。继续加大对贫困人口倾斜支付，脱贫攻坚期内农村建档立卡贫困人口起付线较普通参保居民降低一半，支付比例提高5个百分点，全面取消农村建档立卡贫困人口封顶线。

（六）发挥医疗救助托底保障作用。落实落细困难群众救助政策，分类资助特困人员、低保对象、农村建档立卡贫困人口参加居民医保，按标资助、人费对应，及时划转资助资金，确保困难群众应保尽保。巩固提高住院和门诊救助水平，加大重特大疾病救助力度，探索从按病种施救逐步过渡到以高额费用为重特大疾病救助识别标准。结合救助资金筹集情况和救助对象需求，统筹提高年度救助限额。

三、全力打赢医疗保障脱贫攻坚战

（七）确保完成医保脱贫攻坚任务。聚焦建档立卡贫困人口，会同相关部门做好贫困人口基本医疗有保障工作，落实新增贫困人口及时参保政策，抓实参保缴费、健全台账管理、同步基础信息，做好省（自治区）内异地参保核查，实行贫困人口参保、缴费、权益记录全流程跟踪管理，确保贫困人口动态应保尽保。抓好挂牌督战，坚决攻克深度贫困地区堡垒，落实贫困人口省（自治区）内转诊就医享受本地待遇政策，简化异地就医登记备案，促进"互联网+"医疗服务价格和医保支付政策落地。

（八）巩固医保脱贫攻坚成效。全面落实和落细医保脱贫攻坚政策，持续发挥医保三重制度综合保障、梯次减负功能。协同做好脱贫不稳定户、边缘户及因疫情等原因致贫返贫户监测，落实新冠肺炎救治费用医保报销和财政补助政策。用好医保扶贫调度、督战、政策分析功能模块，动态监测攻坚进展。配合做好脱贫攻坚普查、脱贫摘帽县抽查、巡查督查等工作。加大贫困地区基金监管力度，着力解决贫困人口住院率畸高、小病大治大养及欺诈骗保问题。加强和规范协议管理，强化异地就医监管。

（九）研究医保脱贫攻坚接续工作。严格落实"四不摘"要求，过渡期内，保持政策相对稳定。对标对表脱贫攻坚成效考核和专项巡视"回头看"等渠道反馈问题，稳妥纠正不切实际的过度保障问题，确保待遇平稳过渡。结合健全重特大疾病医疗保险和救助制度，研究医保扶贫长效机制。

四、完善医保支付管理

（十）加强定点医药机构管理。完善绩效考核机制，形成基于协议管理的绩效考核方案及运行机制,将考核结果与医保基金支付挂钩,更好推进基本医疗保险定点医药机构的事中、事后管理工作。

(十一)推进医保支付方式改革。发挥医保支付在调节医疗服务行为、提高医保基金使用效率等方面的重要作用。普遍实施按病种付费为主的多元复合式支付方式,在30个城市开展疾病诊断相关分组(DRG)付费国家试点工作,加强过程管理,适应不同医疗服务特点。完善医保总额管理和重大疫情医保综合保障机制。

(十二)加强医保目录管理。逐步统一医保药品支付范围,建立谈判药品落实情况监测机制,制定各省增补品种三年消化方案,2020年6月底前将国家重点监控品种剔除出目录并完成40%省级增补品种的消化。控制政策范围外费用占比,逐步缩小实际支付比例和政策范围内支付比例的差距。

五、加强基金监督管理

(十三)加强基金监督检查。建立全覆盖式医保基金监督检查制度,全年组织开展两次医保基金监督检查。以医保经办机构和定点医疗机构为重点,分类推进医保违法违规行为专项治理,推进基金监管规范年建设,建立健全行政执法公示、执法全过程记录、重大执法决定法制审核等制度,推进规范执法。强化基金监管长效机制,以"两试点一示范"为抓手,健全监督举报、举报奖励、智能监管、综合监管、责任追究等措施,探索建立医疗保障信用体系,建立药品价格和招采信用评价制度。加强对承办大病保险商业保险机构的监督检查,建立健全考核评价体系,督促指导商业保险机构提高服务效能、及时兑现待遇。

（十四）加大市地级统筹推进力度。推进做实基本医保基金市地级统筹，已经建立基金市地级调剂金的要尽快实现统收统支，仍实行区县级统筹的少数地方要制定时间表、路线图，推进全市范围内基金共济，政策、管理、服务统一。衔接适应基本医保统筹层次，逐步推进市地范围内医疗救助政策、管理、服务统一。

（十五）加强基金运行分析。结合新冠肺炎疫情影响，完善收支预算管理，适时调整基金预算，增强风险防范意识，健全风险预警、评估、化解机制及预案。开展基金使用绩效评价，加强评价结果应用，强化支出责任和效率意识。实现数据统一归口管理，做好与承办大病保险的商业保险机构必要的信息交换，加强大病保险运行监测分析和风险评估。

六、加强经办管理服务

（十六）抓好参保缴费工作。全面实施全民参保计划，做好参保情况清查，提升参保信息质量，建成国家医保信息平台基础信息管理子系统，清理重复参保，稳定持续参保，减少漏保断保，实现应保尽保。加大重点人群参保扩面力度，清理户籍、居住证、学籍等以外的参保限制，杜绝发生参保空档期。在各地政府统一组织下，压实工作责任，强化参保征缴业务衔接协同，加强医保、税务部门间经办联系协作，有序衔接征管职责划转，稳定参保缴费工作队伍，做好参保缴费动员，提高效率和服务水平，便民高效抓好征收工作，确保年度参保筹资量化指标落实到

第六章 医保政策

位。创新宣传方式，拓展宣传渠道，调动群众参保缴费积极性。

（十七）推进一体化经办运行。推动市地范围内基本医保、大病保险、医疗救助"一站式服务、一窗口办理、一单制结算"。大力推进系统行风建设，根据深化"放管服"改革要求，全面落实《全国医疗保障经办政务服务事项清单》，完善经办管理服务流程，适应不同地区和人群特点，简化办事程序，优化窗口服务，推进网上办理，方便各类人群办理业务。加快落实异地就医结算制度，完善异地就医业务协同管理机制，继续推进国家平台统一备案试点工作，使符合条件的参保城乡居民享受统一的跨省异地就医结算服务。抓好新冠肺炎疫情相关费用结算工作，确保确诊和疑似病例待遇支付。

（十八）提升经办管理服务能力。加快构建全国统一的医疗保障经办管理体系，整合城乡医疗保障经办体系，建立统一的医疗保障服务热线，大力推进服务下沉，实现省、市、县、乡镇（街道）、村（社区）全覆盖。加强队伍建设，打造与新时代医疗保障公共服务要求相适应的专业队伍，探索市地级以下经办机构垂直管理体制。合理安排财政预算，保证医疗保障公共服务机构正常运转。

（十九）加快推进标准化和信息化建设。认真抓好15项信息业务编码标准的信息维护工作，组建编码标准维护团队，建立动态维护机制，加快推动编码测试应用工作。全力推进医保信息化平台建设，按照国家统一要求和标准，完成地方平台设计和应用系统部署实施。做好医保电子凭证的推广应用工作。保障平台建设过渡期内系统安全平稳运行。

七、做好组织实施

（二十）加强组织保障和宣传引导。城乡居民医疗保障工作关系到广大参保群众切身利益，要高度重视，加强组织领导，明确工作职责，积极应对疫情影响，确保任务落实，重点做好困难群众、失业人员等人群的相关医疗保障工作。各级医疗保障部门要抓好居民医保待遇落实和管理服务，财政部门要确保财政补助拨付到位，税务部门要做好居民个人缴费征收工作，各部门间要加强业务协同和信息沟通，做好宣传引导和舆情监测，合理引导预期，做好风险应对，重要情况及时报告。

2020年6月10日

（主动公开）

国家医疗保障局办公室　　　　　　2020年6月16日印发

第七章

安 全 服 务

一、防盗

1. 贵重物品要放置在带锁的抽屉、橱柜等安全保险的地方,不用时应予以寄存。

2. 平时要养成随手锁门、关窗的习惯,晚上睡觉不要将贵重物品和衣物放于窗前、窗台。

3. 存折、信用卡要加密,平时卡内不要存钱太多,不要与证件共放,丢失后要立即挂失。

4. 遵守宿舍管理规定,不留宿外来人员。保管好寝室钥匙,不轻易借人。

5. 在公共场所,保管好随身携带的挎包、衣物。

6. 发现可疑人员时要提高警惕,加以询问,必要时拨保卫处电话报警。

二、防骗

校园诈骗作案的主要手段:收集资料,行骗家长;中断通信,谎称行骗;求助为名,骗取信任;套取密码,偷梁换柱;假冒身份,借钱行骗;冒充学生,推销诈骗。

学生要做好对校园诈骗的预防就必须提高防范意识,学会自我保护;交友要谨慎,避免以感情代替理智;同学之间要相互沟通,相互帮助;服从校园管理,自觉遵守校纪校规。

三、防贷

1. 学生应以学业为重,理性消费;不参与、不宣传"校园贷"违规违法活动。

2. 树立科学的消费观，要提高自我保护意识；同学之间要相互提醒，发现情况，及时报告。

3. 保护好个人的身份信息，无论是身份证、学生证还是支付宝、银行卡账户，都不宜随便透露给他人，哪怕是学校的熟人（包括老师、学长、室友等）。

4. 无论在任何场合之下，都要谨慎充当担保人，否则要承担贷款连带责任。

四、防抢劫

1. 夜间不要单独到昏暗偏僻的地方行走，若非去不可，应结伴而行。

2. 遇见抢劫，要沉着冷静。采取默认方式交出财物，使作案人放松警惕，看准时机向有人、有光的地方跑。

3. 与犯罪分子说笑斗口，巧妙麻痹作案人，看准时机进行反抗或逃脱其控制。如有机会，可以大声呼救，或故意高声说话，引起周围人注意。

4. 如出现危险可以利用有利地形和身边的砖块、木棒等与犯罪分子对峙或进行攻击，使犯罪分子无法近身。

5. 注意观察，准确记住作案人体态、衣着等特征，并尽可能留下记号，记住逃跑方向后及时报警。

五、防意外事故

1. 外出须在人行道内行走，没有人行道的靠路边行走，不要几个人并排走，不准在道路上扒车、追车、强行拦车或抛物击车。

2. 穿越马路要走人行横道线、天桥和地下通道，集中注意力，看清来往车辆，不要边走边接打手机或随意招呼出租车。

3. 不坐超载或无证经营的车辆，不催司机开快车。

4. 不携带易燃、易爆等危险物品乘坐公共汽车、出租车和长途汽车。

5. 骑自行车不要载人，超车时注意前后车辆，不骑无牌无证摩托车，不要互相追逐或曲折竞驶。

6. 参加体育锻炼和体力劳动以及教学实验时要提高安全意识，严格规范动作，有特殊体质和特定疾病要告知学校和老师，并办好相关手续。

7. 不违反校规校纪，不私自下河塘游泳、登山。

六、防火

1. 学生在教室、实验室等场所学习时，要严格遵照各项安全管理规定、操作规程和有关制度；涉及使用易燃、易爆危险品时，一定要注意防火安全规定，按照规定一丝不苟地进行操作。

2. 在宿舍，应自觉遵守宿舍管理规定，不使用大功率电器，不存放危险物品，发现安全隐患及时向宿舍管理人员或有关部门报告。

3. 要爱护消防设施和灭火器材，不能随意移动或挪作他用。

4. 发现火灾后，不要惊慌，迅速撤离到安全区域，拨打电话给保卫处（0736-7280631）和辅导员，在保证自身安全的前提下可进行人员疏导和灭火处理。

七、防艾

1. 艾滋病是一种病死率极高的严重传染病，目前还没有治愈的药物和方法，但可以预防。

2. 艾滋病主要通过性、血液和母婴三种途径传播。

3. 与艾滋病人及艾滋病毒感染者做日常生活和工作接触不会感染艾滋病毒。

4. 洁身自爱、遵守道德是预防经性途径传染艾滋病的根本措施。

5. 共用注射器吸毒是传播艾滋病的重要途径，因此要拒绝毒品，珍爱生命。

6. 避免不必要的输血和注射，使用经艾滋病毒抗体检测的血液和血液制品。

7. 关心、帮助和不歧视艾滋病人。

八、防毒

1. 充分认识毒品违法犯罪活动的危害性，加强自身的学习和法律意识修养，培养高尚的情操和伦理道德观念。

2. 积极参加有益健康的文体活动，增强集体观念，培养广泛的兴趣和爱好，避免孤僻的生活方式。

3. 提高对毒品的防御能力，不要结交有吸毒恶习的朋友或听信他们的谗言。

4. 绝不可因好奇而尝试毒品，防止上瘾而难于自拔。

5. 一旦沾染毒品，要积极主动地向老师和学校报告，自觉接受学校、家庭及社会有关部门的监督戒除及康复治疗。